"不忘初心 缅怀先烈"丛书

陈 新 张采鑫◎主编

春雷滚滚震华夏
张 太 雷

马 铬 张淑芳 著

花山文艺出版社

河北·石家庄

图书在版编目（CIP）数据

春雷滚滚震华夏：张太雷 / 马铬，张淑芳著． —石家庄：花山文艺出版社，2023.1（2025.1重印）

（"不忘初心 缅怀先烈"丛书 / 陈新，张采鑫主编）

ISBN 978-7-5511-6044-5

Ⅰ．①春… Ⅱ．①马… ②张… Ⅲ．①传记文学—中国—当代 Ⅳ．①I25

中国版本图书馆CIP数据核字(2022)第020404号

丛 书 名：**"不忘初心 缅怀先烈"丛书**

主　　编：陈　新　张采鑫

书　　名：**春雷滚滚震华夏——张太雷**
Chunlei Gungun Zhen Huaxia —— Zhang Tailei

著　　者：马　铬　张淑芳

策　　划：张采鑫　王玉晓

特约编辑：王福仓

责任编辑：申　强

责任校对：李　鸥

封面设计：书心瞬意

美术编辑：王爱芹

出版发行：花山文艺出版社（邮政编码：050061）

（河北省石家庄市友谊北大街330号）

销售热线：0311-88643299/48

印　　刷：北京一鑫印务有限责任公司

经　　销：新华书店

开　　本：700毫米×1000毫米　1/16

印　　张：6

字　　数：80千字

版　　次：2023年1月第1版
　　　　　2025年1月第5次印刷

书　　号：ISBN 978-7-5511-6044-5

定　　价：39.80元

Contents 目 录

引　子

张太雷（1898～1927），江苏武进（今属常州）人。中国无产阶级革命家，中国共产党早期的重要领导人之一；中国共产主义青年团的创始人之一和中国青年运动的卓越领导人，曾任团中央书记；他多次参与、筹备、联络并参加共产国际、党中央和团中央的重要会议，大力翻译和传播马克思主义，是党内著名的政治活动家、宣传家；1927年12月11日领导广州起义，任广州苏维埃政府代理主席，次日在大北门战斗中壮烈牺牲，年仅29岁。

一、少年时代

张太雷原籍江苏武进，1898年6月17日出生于一个没落的官商世家。他原名张曾让，乳名泰来，学名张复，谱名张孝曾，自号"长铗"；参加革命后，初名张春木、张椿年，后改名张太雷，寄寓着把自己化作击碎旧世界的巨雷，冲破旧社会的腐朽反动统治的理想抱负。

张太雷的父亲名亮彩，原住常州城中西下圹，由于家境清贫，长大后无钱娶妻，后被同邑薛锦元招为过门女婿，结婚后一直住在岳父家里。张太雷是在外祖父家出生和长大的。

1901年，张太雷的父亲到安源煤矿工作。从此，张太雷随父母亲和姐姐搬到了江西萍乡，全家生活靠父亲的微薄收入维持。1906年2月，父亲病故，张太雷又随母亲和姐姐迁回常州。为了生活，他的母亲在有钱人张绍曾家帮助料理家务，所得工钱，难以维持一家生活，不时要靠亲戚接济和借债度日。由于张太雷天资聪颖，张绍曾认为他有培养前途，乃资助他陪同自家儿子一起在贞和堂张氏私塾上学，希望他日后能为张家管事。

张太雷在张氏私塾念了一年书，转入了西郊初等小学。由于他刻苦好学，母亲平常又殷勤管教，所以学习成绩很好。

张太雷很小的时候，就爱听父亲讲述一些历史上英雄人物的故事和动人的民间传说。进小学后，课业之余，仍孜孜不倦地阅读那些具有反封建思想内容的小说。古老的常州，是江苏著名的文化之乡。张太雷少年时代，又常听人讲述有关常州地区的历史典故和名人故事。宋末万安和尚的抗元斗争事迹，明代民族英雄唐荆川抗击倭寇的斗争事迹，太平军中杰出将领护王陈坤书抗击英、法帝国主义和清军联合进攻、坚贞不屈的英勇斗争事迹等，都强烈地打动了张太雷，在他的脑海里留下了极为深刻的印象。

张太雷从小就同情劳动人民和底层民众。一天，他和同学们在街上行走，看到一位拉黄包车的人的帽子被一阵大风吹掉了，连忙跑去把它拾起来，并给那位黄包车夫戴好。一位同学问他："你为什么这样做？"他说："他拉着车子，停下来拾帽子多费力呀，而我，这样做是很容易的。"正是由于家境贫寒，使张太雷对劳动人民的疾苦有切身的体会。他目睹当时社会的黑暗，从小就立下了改造社会的志向。

1911年冬，张太雷在西郊初等小学以优异的成绩毕业。校长马次立见他是一位有志气的少年，便为他取名张复，以示复兴中华的意思，并资助他考进常州府中学堂预科学习；翌年，正式转入该校本科一年级三班。

张太雷进入常州府中学堂的那一年，伟大的民主革命先行者孙中山领导了辛亥革命。

常州府中学堂的校长屠元博，在日本留学时，就参加了孙中山领导的同盟会，积极参加反对清朝卖国统治的活动；还有几个教员也是留日学生和同盟会会员。在他们的熏陶下，常州府中学堂当时是进行民主革命宣传和活动的一个场所。他们常常向学生们宣传孙中山、章太炎等人的民主爱国思想，讲述资产阶级革命家邹容、秋瑾和黄花岗七十二烈士等人的英勇斗争事迹。悲壮的史实，激昂的言词，使张太雷和同学们听得热血沸腾，热泪盈眶。张太雷等在校长和老师的影响下，对孙中山的反清革命活动十分关注。他听到孙中山曾印发邹容19岁时写的《革命军》，对清朝统治者的残酷压迫给以无情的揭露，同时提出了推翻清朝统治、建立共和国的政治主张后，就立即把《革命军》这本小册子借来，并一口气把它读完；读后，激动的心情久久不能平静。

屠元博热情宣传民主革命思想的同时，还积极组织学生进行军事训练，打算投入反抗清朝统治的武装革命活动。张太雷积极地参加这些活动。那时中学堂学生全部寄宿，有时深夜紧急集合，张太雷立刻爬起来，动作迅速地跑去操场参加操练，从不缺勤，而且还鼓励同学们上好军事操练课。

张太雷由于受到资产阶级民主革命思想的熏陶，十分厌恶头上的那条长辫子。在辛亥革命前夕，他和同班好友瞿秋白就说过："尾巴样的东西，留着它毫无道理，我们剪掉它！"表示对清朝反动统治的憎恨，辛亥革命后，即和几位同学一起，带头剪掉了辫子。

张太雷平时常和一些志同道合的同学一道，秘密进行反对清朝反动统治的宣传。辛亥革命爆发后，张太雷和老师、同学们拿着小旗上街游行庆祝，高呼革命口号。

1911年12月，孙中山从海外回到上海；不久，又从上海乘火车赴南京就任临时大总统。消息传到常州时，常州军政府组织群众到火车站迎送，校长屠元博率领全校师生同往。张太雷怀着敬仰孙中山的心情，争着排在队伍的前面。当列车徐徐开进常州车站，孙中山在窗口微笑着向人们频频招手致意时，车站里立刻激起一片欢呼声、口号声，张太雷的心情也十分激动。

在那政治局势瞬息万变的日子里，张太雷非常关心国家大事。他一面勤奋学习，努力掌握基础知识，一面注意阅读新的报刊书籍，了解国内外大事，寻求新知。他常到图书馆阅览《民权报》《民呼日报》和上海《申报》等报刊，也读了《新民丛报》《饮冰室文集》等，还经常和一些好朋友促膝谈心，议论时政，引吭高歌，抒发情怀。

1913年，常州府中学堂改名省立第五中学，校长屠元博调离学校，新任校长童伯章对学生实行封建管束，要他们只管死读书，不要过问国家大事。张太雷和一些好友，对学校当局的管教方式十分不满，因而成为学校当局的重点管制对象。

1915年5月25日，袁世凯与日本帝国主义秘密签订了丧权辱国的"二十一条"，激起了全国人民的无比愤慨，纷纷起来声讨袁世凯的卖国罪行。张太雷积极参加了这一活动。他激愤地向同学们指出："日本帝国主义的野心，是要独占中国，灭亡中国，而袁世凯为了要当皇帝，不惜出卖国家主权。"江苏省立五中学生自治会举行了反日爱国活动，张太雷也积极参加了，与同学们一起，时常到校外作宣传。

张太雷本应于本年在省立第五中学毕业，但在这年暑假之前，学校发生了一起风潮。

毕业班有一名同学叫李子宽，平时曾对个别老师开过玩笑。学校便以此为借口把李开除。该班的同学十分不满学校的做法，随即举行罢课，表示抗议。张太雷平时与李子宽感情融洽，很谈得来，他认为学校无理，因此和同学一道，向学校当局提出质问，并罢课一星期。在这种情况下，学校当局又宣称：张复（即张太雷）等素行不谨，与李子宽相似，如不悔改，下期毋庸来校。张太雷等不堪受辱，遂毅然离校。

1915年秋，张太雷考入了北京大学法科预科，改名张曾让。但当时北大的学制很长，他估计自己的经济条件难以维持，同年冬，遂转往天津北洋大学法政科临时预备班学习。

二、在五四洪流中

1916年秋，张太雷升入北洋大学法科法律学门。由于家道清贫，无法负担读书全部费用，入学以后，他就一面读书，一面工作。

由于张太雷读书勤奋，才华出众，各科成绩很好，尤其英文课程，从中学开始，一贯成绩突出，因此入校后，很快就在该校一位美国教授创办的《华北明星报》担任英文翻译。

1917年冬，俄国爆发了震撼世界的十月革命，开辟了人类历史的新纪元。1918年11月，李大钊在《新青年》杂志上发表了《庶民的胜利》和《布尔什维主义的胜利》，热情赞颂俄国十月社会主义革命。张太雷读了后深受教育和鼓舞，对中国革命的前途充满信心和希望，认为要使中国不受帝国主义、封建主义的控制和压榨，只有走十月革命的道路。他每天利用自修时间，努力学习马克思主义，并秘密翻译了一些介绍俄国十月革命和革命后苏俄新面貌的文章。当时，正在北京大学读书的李子宽，去北洋大学探望张太雷。两人交谈中，张太雷坚定地说："做人要整个儿改，我以后不按计划到上海当律师了。国家兴亡，匹夫有责。只有走十月革命的路，才能救中国！"

1919年，张太雷积极地参加了轰轰烈烈的五四运动，并且成为天津地区爱国运动的骨干之一。他积极参加了北洋大学学生组织的演讲团，经常到天津市内和附近城镇乡村进行宣传活动，揭露反动政府出卖山东权益的罪行，唤醒民众团结御侮。6月1日，他和三位同学赴塘沽两小学讲演，接着又乘船过海到8里外的东大沽去讲演，还不辞劳苦，赶到西大沽讲演。他们痛切的言词、革命的激情，使听众十分感动，不少人主动给他们搬凳子，烧茶倒水，对他们说："先生讲话真对。能一月来一次，使大家永远不忘才好！"从大沽返回塘沽的路上，他们又在车站附近进行讲演，听众几乎把道路都堵塞了。直到车快开动时，他们才匆匆忙忙地跳上火车，听众们依依不舍地目送张太雷等人离去。

五四运动的狂飙，猛烈地冲击着北洋军阀政府。6月5日，直隶省省长曹锐悍然派兵镇压天津学生运动，监视学生爱国活动。对于反动当局的蛮横镇压，北洋大学爱国学生异常激愤，决定冲出学校，游行演讲示威。6月24日，天津各界联合会与学生联合会密切合作，成立了抵制日货委员会，举行抵制日货活动。张太雷作为学生代表参加了该会，积极和同学们到各店铺，对商标、包装、品种逐项检查，有时还拿上煤油灯，深入仓库检查。在斗争中，张太雷被选为天津学生的联合决策机构——评议会的评议长，负责主持斗争的部署和策略事宜。

8月23日，天津的40多名群众代表组成请愿团，和北京代表一起，在北京新华门前请愿，抗议山东惨案，要求惩办枪杀爱国人士的刽子手马良，以平民愤，结果有25名代表遭到北洋军阀政府逮捕。消息传到天津，天津学生联合会决定立即组织数百人的代表团分批赴京营救，张太雷被选为赴京营救代表之一。他们冲破反动当局的层层阻挠，赶到了北京，与北京的3000多名青年学生汇合一道，浩浩荡荡地到北洋军阀的总统府请愿。张太雷和同学们表示："如果需要，我们可以随时抛头颅，洒热血，决不迟疑！"在广大群众的坚持斗争下，在各界人士的努力营救下，终于迫使反动军阀释放了全部被捕代表。

同年12月，天津男、女学校学生合组的新天津中等以上学校学生联合会成立，张太雷被选为该会演讲委员会筹备委员。

通过五四运动的斗争实践，张太雷进一步认识了人民群众团结战斗的巨大威力，并与景仰已久的李大钊建立了联系，同时与天津爱国运动的卓越领导者周恩来、于方舟等，开始结下深厚的战斗友谊。

三、参加党的创建工作

五四反帝爱国运动，沉重打击和揭露了帝国主义和北洋军阀政府的阴谋，教育和提高了人民群众的政治觉悟，也显示了人民群众特别是工人阶级的巨大力量。五四运动后，宣传和介绍十月革命、社会主义和工人运动的书刊、文章，纷纷出现。马克思主义在中国人民中，特别是在革命知识界中，日益广泛传播开来，成为一股不可抗拒的历史潮流。许多进步青年如饥似渴地学习马克思主义，各种社会主义团体如雨后春笋般地出现。

1920年4月，共产国际远东局派维经斯基和翻译杨明斋来到中国，会见中国的马克思主义者，了解中国政治情况。他们通过北京大学俄文教授鲍立维的介绍，与李大钊、张申府等会晤。在北大，维经斯基还召开了几次座谈会，讨论了建党问题。李大钊介绍他到上海去见陈独秀，因为陈独秀正在和李大钊考虑建党的有关问题。

当时陈独秀到达上海后，《新青年》杂志也随之迁往上海，继续由陈独秀主编；他一边主编杂志，一边在工人群众中宣传马克思主义。

维经斯基来到上海同陈独秀相见，陈独秀听取了有关俄国十月社会主义革命的情况介绍，同维经斯基一行人座谈了社会主义和中国社会改造等问题。

经过一段时间的讨论、酝酿，在维经斯基的帮助下，陈独秀等人进一步了解共产国际和俄共（布）的情况，一致同意开始进行中国共产党的建党准备工作。

1920年5月，由陈独秀、李汉俊、俞秀松、施存统、陈公培等人发起，随后又有陈望道、沈玄庐、李达等人加入，上海马克思主义研究会成立；8月，正式成立上海共产主义小组，推选陈独秀为书记，这实际上是上海共产党的早期组织。

这年6月，张太雷在北洋大学法科法律学门毕业后，前往上海。8月，他与俞秀松等革命青年发起组织上海社会主义青年团组织；在上海期间，他还参加了上海共产主义小组的活动。张太雷回到天津后，和于方舟分别在天津北洋大学和省立中学成立了马克思主义研究会，进行马克思主义的研究活动。

同年10月，继上海共产主义小组成立后，李大钊3月在北京大学发起的马克思学说研究会改称北京共产主义小组，其成员以北京大学的师生为主，张太雷和邓中夏、高君宇、何孟雄等先后加入了该组织。

张太雷参加北京共产主义小组后，在李大钊的帮助下，去天津筹建社会主义青年团。他首先把马克思主义研究会改组为天津社会主义青年团小组。不久，于方舟主持的马克思主义研究会也并入该组，成员增加到10余人，张太雷是该小组的书记。

青年团小组成立后，即在天津、唐山、南口、长辛店等地开展工人运动，并出版了小型日刊《劳报》，以研究工人问题进行宣传。他们还把《共产党宣言》、上海共产主义小组编辑的《共产党》月刊，以及李大钊在《新青年》杂志发表的《我的马克思主义观》等印成单行本，分送给各地工人。《劳报》创刊不久，即被北洋军阀查封。

为了继续开展工人运动，张太雷把该报改名《来报》继续编辑出版，后来又被反动军阀发现，连该报的发行人也被逮捕，最后被迫停刊。

天津社会主义青年团还曾派人到唐山和京奉铁路机车厂与工人邓培等联系，研究如何在工人中开展工作以及建立组织等问题。不久，唐山等地的团组织相继成立，工人运动也逐步开展起来。

1920年冬，北京共产主义小组为了进一步在工人中开展宣传、组织活动，决定在长辛店创办一所劳动补习学校，作为开展工人运动的据点。张太雷接受了这一任务，与邓中夏等人多次到长辛店找一些工人积极分子商谈。12月19日，劳动补习学校在长辛店正式召开了筹办会议，张太雷和邓中夏等4人出席，讨论了学校的简章、预算案和募捐启事，并确定1921年元旦开学。

劳动补习学校的教学内容，注意把提高工人的文化水平与传播革命思想结合起来。识字课本是由教员自己编写的，他们把日常生活中的一些用字编成课文，讲课时先教识字，再讲道理，使工人既能学到文化知识，又能学到革命思想。劳动补习学校创办后，李大钊、张太雷、邓中夏等经常到这里来讲课。他们讲课生动，感情充沛，又了解工人的思想特点，善于启发工人的觉悟。他们联系修路、盖房、织布、造机器等日常现象，讲解工人阶级的历史地位和作用，揭露反动军阀、资本家如何榨取工人的血汗，过着花天酒地的生活，而生产社会财富的劳动人民却过着牛马不如的生活；最后，又讲到工人团结起来斗争的重要性。这些深入浅出的道理，工人们一听就明白，阶级觉悟因而迅速提高，表示要学俄国工农的榜样，团结起来闹革命，把地主、资本家、洋厂长统统打倒，由咱们工人当家做主人。

李大钊、张太雷、邓中夏还经常深入到工人家里访问，了解工人生活情况。他们不怕生活艰苦，和工人一同吃窝窝头、睡土炕。他们每个月的生活费只有7块钱，但他们只吃了3块钱的伙食，省下的几块钱拿来买茶叶、糖果，招待前来谈心的工人们。这种精神使工人很为感动，因而他们很快和工人打成一片。

由于李大钊、张太雷、邓中夏等人的辛勤工作，培养了北方铁路工人运动的第一批骨干，并通过他们逐步将长辛店全体工人团结起来，成立了长辛店铁路工人会。在这年五一节的庆祝大会上，还宣布成立了长辛店工人俱乐部。工人运动进一步开展起来了。

四、被派往共产国际

1921年6月中旬的一天，有三位肩负特殊使命的人经过长途跋涉，从苏联来到中国，行色匆匆地进了北京城。

三人当中，有一位是荷兰人，名叫马林，是共产国际代表；有一位叫尼科尔斯基，是赤色职工国际代表。还有一位中国人，20岁出头，身材高大壮实，方脸丰唇，浓眉大眼，架着一副亮闪闪的眼镜，他，就是张太雷。

张太雷这次陪同马林等来中国，主要是筹备建立中国共产党。

俄国十月革命的一声炮响，给中国人民送来了马克思列宁主义。于是，在一大批有识之士的共同努力下，上海、北京、长沙、武汉、广州、济南等地，纷纷建立起了共产党早期组织。为了肩负起中国革命这一重任，迫切需要召开一个全国性的会议，正式建立中国共产党。

这年1月，张太雷受陈独秀、李大钊委托，被派往苏联的伊尔库茨克，任共产国际远东书记处中国科书记。这次陪同马林等来中国，就是为了完成这一历史性使命。

三人在北京与李大钊、张国焘会谈几次，取得了一致意见；随后，直奔上海，与李达和李汉俊会谈。张太雷既是组织者，又是翻译，夜以继日地操劳。会谈之后，他们立刻致函长沙、武汉、广州、济南等地的共产主义小组；经过多次函商，决定在上海召开中国共产党第一次全国代表大会。在会议筹备期间，张太雷非常忙碌，然而他却未能参加一大会议。

1921年6月22日至7月12日，共产国际第三次代表大会在莫斯科召开。张太雷只身远行，以中国共产主义者代表的身份出席了这次盛会，并向大会作了发言，介绍中国革命的情况，呼吁共产国际重视和支持中国革命。恰逢赤色职工国际第一次成立大会在莫斯科开幕，张太雷又代表中国工人阶级参加了会议；同时，他和俞秀松还以中国社会主义青年团代表的身份出席了青年共产国际（亦称少共国际）第二次代表大会，并向大会作了报告；张太雷被选为青年共产国际执行委员会委员。一直到8月，他才回到国内。

1921年11月，美、英、法、日、意等帝国主义者为了加紧对中国的侵略，在华盛顿举行会议，通过了一个所谓"九国公约"。这是帝国主义协同侵略中国的一个强盗协议。共产国际为了对抗华盛顿会议，决定召开一次远东各国被压迫民族大会，以显示远东民族革命的力量，对帝国主义进行示威。大会筹备期间，张太雷负责与远东各国的革命组织联系，选派代表以及组织代表到苏联参加会议。他四处奔波，足迹遍及海内外。日本、朝鲜的代表到苏联去，要经过中国。他们秘密来到中国，由张太雷负责接送。当时，中国的东北在军阀张作霖的统治下，赴苏联要经过满洲里车站，军警岗哨林立，便衣特务密布。为了保证代表们的安全，张太雷冒着生命危险，精心选择了越境路线和秘密接头地点，使各国代表顺利地越过了封锁线。

在中俄边境附近负责接待代表的列车上，住着一批中国、朝鲜、日本等国的代表。他们中既有共产党、社会主义青年团的代表，也有民族主义者的代表。路上，张国焘坚持只有相信共产主义的人才能前往参加，因此在车上和一些民族主义者的代表争论不休，叫嚷不许他们参加会议。张太雷反对这种"左"倾观点，平心静气，耐心地进行调解工作，才使争论平息下来。

12月10日，张太雷还把他日前翻译的《共产党宣言》由英文回译成中文，并写了译者的说明，发给了出席大会的中国代表团中的共产主义者组织讨论。

远东各国共产党及民族革命团体第一次代表大会于1922年1月在俄国伊尔库茨克召开。参加会议的44名中国代表中，除了共产党党员、社会主义青年团员外，还有国民党党员、民族主义者和革命知识分子十余人，张太雷则以筹备者身份参加了这次会议。

大会开幕后不久，就迁到莫斯科继续举行。代表们抵达莫斯科后，共产国际书记处又有些人想重新变大会为远东各国共产党人的大会，把民族主义者排除在会外，因而产生了分歧。列宁采纳了张太雷等人的意见，决定大会仍然是民族革命性质，从而使大会得以继续进行。

张太雷在这次会议期间表现了充沛的精力和卓越的组织能力。他参与了大会宣言《告东方各民族书》的起草工作。会议期间，他还介绍瞿秋白参加了中国共产党。

张太雷参加了这几次会议后回到上海。1922年7月，中国共产党第二次全国代表大会在上海召开，张太雷和出席远东各国共产党及民族革命团体第一次代表大会的中国共产党代表列席了会议，并将列宁对中国革命的重要指示及大会精神，向党的二大作了汇报。

五、致力于青年团建设

各地社会主义青年团的初建时期，团员成分很复杂，除了一些信仰马克思主义者之外，还有信仰无政府主义、空想社会主义、工团主义以及各种社会思潮的人。不少人参加团的动机很不纯，有些是怀着好奇的心理，有些则是赶"时髦"。加以团的性质和任务也不够明确，所以一遇到问题，个人意见就不一致。团的组织和纪律涣散，缺乏战斗力。因此，各地团组织的活动，到1921年5月，就先后陷于停顿。

1921年8月，张太雷从俄国回来后，曾与邓中夏、俞秀松等积极从事团组织的建设工作。他们到处宣传，积极团结那些信仰马克思主义的青年，争取教育那些认识模糊、动摇不定的青年，让那些坚决反对走社会主义道路的形形色色的人物离开团组织，对团员重新进行登记。经过张太雷等人的努力，至1921年底，各地团组织逐渐健全起来，要求加入社会主义青年团的青年也日益增多，北京、天津、上海、湖南、湖北、广东等地也相继建立了团的组织。随着形势发展的需要，建立一个全国性的社会主义青年团组织，统一领导各地团的工作以及青年运动，已成为大势所趋。

1921年底，张太雷陪同共产国际代表马林到桂林与孙中山会谈时，往返都经过广州。当时香港海员工人正举行震惊中外的大罢工。很多青年海员工人在海员工会领导下，团结一致，积极投入罢工斗争，表现得十分英勇。当时广州各界青年组织举办的各种活动也十分活跃。这些情景，给张太雷留下了深刻的印象。他回到上海后，就积极向中共中央局建议："把这些地方性组织联合在一起，就可以创建一个有影响的青年组织。"中央局接受了张太雷的意见，准备在广州召开中国社会主义青年团第一次全国代表会议。

1922年3月，张太雷从俄国回来后，一方面和向警予等领导上海丝厂、烟厂、纱厂的女工同盟罢工；一方面受中央局的委托，与瞿秋白以及青年共产国际代表达林组成大会组织处，负责筹备青年团一大的召开。他们积极与各地团的组织联系，酝酿选派代表，研究会议内容，并为大会草拟青年团的纲领和章程草案。4月，张太雷代表社会主义青年团到北京领导团组织开展非基督教活动后，就与瞿秋白、达林一起到广州，随即参加了中央局在广州召集的讨论有关第一次劳动大会和青年团大会的方针以及国共合作问题的团负责干部会议。会上，关于与国民党建立统一战线的问题引起了激烈的争论。张太雷和瞿秋白认为："在反帝的资产阶级民主革命阶段，与小资产阶级结成广泛的统一战线是必要的，和国民党联合以及共产党以个人身份加入国民党都是必要的。"会后，张太雷和瞿秋白还随共产国际代表达林拜会了孙中山。

1922年5月5日至10日，中国社会主义青年团第一次全国代表大会在广州举行。出席会议的代表25人，代表着全国各地15个地方团组织、5000多名团员。会议由张太雷主持，并向大会致开幕词，还代表组织处作了团纲和团章草案报告。大会经过热烈的讨论，一致通过了《中国社会主义青年团纲领》和《中国社会主义青年团章程》。团的纲领和章程确定了中国社会主义青年团的性质是"中国青年无产阶级的组织，即为完全解放无产阶级而奋斗的组织"；它的任务，"一方面为改良青年工人、农人的生活状况而奋斗，并为青年妇女、青年学生的利益而奋斗；一方面养成青年革命的精神，使向为解放一般无产阶级而奋斗的路上走。"在政治方面，社会主义青年团的任务，"要铲除武人政治和国际资本主义的压迫，为在中国实现初期共产主义社会而奋斗"；同时，还明确社会主义青年团是在中国共产党领导下，为实现无产阶级解放而奋斗。

大会还一致通过了中国社会主义青年团加入青年国际组织，在青年共产国际旗帜之下，使西方青年无产阶级与东方被压迫青年群众联合起来。

会上，成立了团的中央组织，选举施存统为社会主义青年团中央书记，张太雷因致力于国际共产主义运动，当选为团中央执行委员会委员。

在举行团的一大之前，张太雷还代表社会主义青年团出席了于1922年5月1日至6日在广州召开的第一次全国劳动大会，并向大会致贺词，高度赞扬了工人阶级在中国共产党和劳动组合书记部领导下进行斗争取得的成绩，对不久前进行的香港海员罢工的胜利，给予了很高的评价，并代表社会主义青年团表示坚决支持工人阶级的斗争。

在广州期间，5月28日晚葡萄牙统治下的澳门发生军人枪杀中国工人事件，激起了广州人民的愤慨，纷纷声讨这一暴行。张太雷积极参加了这一活动，为青年团草拟了一篇声讨葡政府的檄文，还出席了青年团广东区委组织的集会。

1923年6月，张太雷出席了在广州召开的中国共产党第三次全国代表大会。为了进一步发动广大青年，积极进行反对帝国主义和封建军阀的斗争，1923年8月，社会主义青年团第二次全国代表大会在南京举行。张太雷、恽代英、邓中夏等参加并主持了大会。这次会议着重讨论了如何贯彻中国共产党第三次全国代表大会确定的关于与国民党建立革命统一战线的方针问题。张太雷在会上传达了党的三大会议精神，同时，对团的工作提出了许多建设性意见，要求全体团员团结一致，同心同德，在党的领导下积极投入大革命的洪流，充分发挥战斗作用。

会议完全接受党的三大通过的《关于国民运动及国民党问题议决案》，决定社会主义青年团员以个人身份加入国民党，努力协助党进行国民革命的宣传，以促进国民运动的开展。大会修改了团的章程，使团的组织和纪律更趋完善。

团的二大结束不久，张太雷接受党的派遣，参加孙逸仙（中山）博士代表团到苏联考察。代表团由蒋介石、邵元冲、王登云、沈定一和张太雷组成，孙中山本人未去。1923年10月，青年共产国际第三次代表大会在莫斯科召开，张太雷继续当选为青年共产国际执委会执行委员。会后，奉中央局的指示，留在莫斯科担任中国社会主义青年团驻青年共产国际代表。1924年1月，无产阶级革命导师列宁逝世，张太雷怀着万分悲痛的心情，在莫斯科工会大厦瞻仰了列宁遗容，参加了列宁的葬礼，并在《中国青年》上发表了《列宁与中国青年》一文，高度赞扬列宁的伟大业绩及在中国青年心中的光辉形象。

1924年春，在大革命高潮到来的时刻，张太雷奉调回国。当时团中央书记刘仁静因闹意见辞职，张太雷接任了社会主义青年团中央书记。他在上海主持召开了团中央扩大会议，根据当时革命形势，调整和制定了团的行动纲领和策略，并根据青年的特点，特别提出了青年本身利益的口号，积极动员全国的团员和青年，投入轰轰烈烈的大革命。

同年7月，张太雷再次赴莫斯科，参加青年共产国际第四次代表大会。他在会上发了言，并向苏联少年先锋队致词。会议期间，张太雷会见了苏联《青年建设者》杂志和莫斯科《工人日报》的青年记者马克西莫夫，5月1日，又在莫斯科《工人日报》题词，指出："俄国的十月革命唤醒了中国工人的觉悟"，"中国社会主义青年团要宣誓用全部精力来继续列宁所开创的事业，从资本主义压迫下解放世界无产阶级。"

为了积极组织广大革命青年投入反帝反封建斗争，1925年1月26日至30日，中国社会主义青年团在上海举行第三次全国代表大会。张太雷主持会议，并作了政治报告，向全国广大团员和青年提出了战斗任务，号召大家积极投入当前全国人民反帝反封建斗争之中，积极揭露帝国主义侵略中国，与反动军阀勾结发动战争的罪恶目的，号召大家利用各种机会，向帝国主义和反动军阀进行大示威，以遏制他们的阴谋。

这次大会决定中国社会主义青年团改为中国共产主义青年团，选举张太雷、恽代英、任弼时等9人为团中央执行委员会委员，张太雷为团中央书记。

张太雷为共青团的建设和领导广大青年投身革命、争取民族解放事业的胜利，作出了重大贡献，不愧为广大革命青年的引路人。

六、为建立国共统一战线而奔忙

辛亥革命后，孙中山始终坚持资产阶级革命民主派的立场，不断寻求救国救民的真理。俄国十月革命的胜利和五四运动的爆发，给予孙中山很大的鼓舞。就在这时，孙中山得到了共产党人的帮助，从此开始了他的伟大转变。

还在1920年11月，共产国际派来的维经斯基，在上海会见了孙中山，这是共产国际同孙中山的第一次接触。1921年12月，共产国际派来的代表马林，又同孙中山交谈了中国革命的有关问题。

当时，张太雷从俄国回到上海，受党的委托，担任马林的助手和翻译。12月10日，张太雷随同马林和国民党宣传部长张继，由上海到广州会见孙中山，但此时孙中山已转往桂林。

接着，张继又邀集陈公博同马林、张太雷，就建立统一战线问题，进行了几次会谈。张继提出，国民党和共产党既然都是革命党，可以进行合并。但马林强调，两党合并后，共产党作为一个独立政党依然存在，而不是解散。陈公博则说："国民党的主义和共产党的主义究竟不同，今日即合，久则必分，与其将来分裂，倒不如各行其道，只在党外合作。"他还认为国共合作"只是一种旁门左道，而非正当革命的方法。"张太雷极为支持马林的意见，各人观点很不一致。

马林和张太雷在广州没有久停，便在张继等人的陪同下，于12月23日抵达桂林。

孙中山在桂林设立了大本营，正在整军和练兵，准备由桂入湘进行北伐。马林和张太雷在大本营住了9天，朝夕和孙中山、廖仲恺等人进行会谈，讨论国民党与俄国联盟及国共合作的可能性。在整个会谈过程中，都由张太雷担任翻译。他帮助马林和孙中山交谈，帮助孙中山了解十月革命后俄国的情况，沟通他们的感情，从中起了积极的作用，成为他们两人的得力助手。

会谈时，马林同孙中山讨论了群众运动和在工人中进行宣传的问题。关于中国革命问题，马林提出了下列意见：（一）改组国民党，与社会各阶层，尤其与农民、劳工大众联合；（二）创办军官学校，以建立起自己的军队；（三）促进中国国民党与中国共产党的合作。

孙中山告诉马林，他愿意派一个代表团作为使者去莫斯科进行考察；对于马林提出的其他建议，如改组国民党、建立军官学校等，也答应在完成反对北洋军阀吴佩孚的战争后，立即实行。

孙中山还专门与张太雷长时间地讨论了如何动员我国广大青年，积极投入民族主义运动的问题。张太雷主张把广大青年发动起来，动员他们投入反帝反封建的斗争。孙中山很欣赏张太雷的主张，表示完全支持，愿意和共产党合作，并希望南方各省的青年动员起来，投入反对北洋军阀的斗争。张太雷和孙中山之间的谈话非常融洽。

会谈后，马林和张太雷回到广州。他们在广州见到了香港海员罢工取得重大胜利的情景，以及广州各界群众举行的一系列政治活动，还参加了广州青年的一些集会，然后从陆路经汕头，坐船回到上海。

1922年6月，广东军阀陈炯明背叛孙中山，炮轰设在广州越秀山下的总统府，迫使孙中山离开广东。孙中山到达上海后，陈独秀、李大钊、张太雷和马林多次同他会见，提出国共合作的主张。正处于困难境况之中的孙中山，对共产党的真诚帮助深表快慰，立即赞成国共合作。

中共中央为了加速与孙中山建立联合战线，一面声明中国共产党将不因孙中山所受到的暂时挫折而改变与其合作的原有立场；一面派张太雷赴广州，代表中央调查处理陈公博等人支持军阀陈炯明、反对孙中山的错误，要他们迅速转变立场，断绝与陈炯明的一切关系，积极支持孙中山的革命活动。但陈公博等人坚持其顽固立场，张太雷的任务未能完成。

为了建立革命统一战线，1922年7月，党的二大作出了《关于"民主的联合战线"的议决案》，指出："我们共产党应该出来联合全国革命党派，组织民主的联合战线。"会后，中共中央在杭州西湖召开特别会议，商讨与孙中山领导的国民党建立联合战线的问题。张太雷参加了这次会议。会上，他以陪同马林参加桂林会谈的亲身体会，肯定了孙中山的积极表现，主张共产党与国民党合作，以建立反帝反封建统一战线。会议经过两天的争论，原则上确定了国共两党合作的方针，通过了共产党员以个人身份参加国民党的决议。

会后，张太雷由张继介绍，孙中山"亲自主盟"，在上海以个人身份加入了国民党。

同年9月4日，孙中山邀集各省在沪党员座谈改组国民党党务问题，张太雷和陈独秀均应邀参加；座谈中，张太雷积极主张国共合作。

1923年夏，张太雷在上海大学教书。同年6月12日至20日，中国共产党在广州召开了第三次全国代表大会，讨论与国民党建立革命统一战线问题。张太雷参加了大会的筹备工作，并出席了大会。

会上，张太雷积极赞成关于帮助国民党进行改组，共产党员以个人名义加入国民党，但保持共产党在政治上、组织上的独立性，与国民党实行党内合作的方针。他认为"中国目前的革命是资产阶级性的革命，故应与资产阶级联合"，共产党人"目前应加入国民党，作为国民党的骨干力量"。他分析了孙中山反对帝国主义和封建军阀的民主主义立场，以及把他领导的国民党改造成工人、农民、小资产阶级、民族资产阶级联盟的可能性，坚持共产党同国民党结成革命统一战线的正确主张。

经过充分讨论，大会最后决定和国民党合作，共产党员以个人身份参加国民党，帮助国民党改组。党的三大根据马克思列宁主义的基本原理和中国革命的实际情况，正式确立了建立国共合作统一战线的策略方针，共同开展国民革命运动，为国共合作和大革命的到来，做了思想上、理论上和策略上的重要准备。

中共三大以后，孙中山在上海筹备孙逸仙博士代表团到苏联考察政治、军事及党务，就苏联援助问题进行谈判。代表团成员分别由国共两党人员组成，张太雷是共产党代表之一。张太雷曾专门向孙中山写了一份报告，介绍了代表团在苏联的活动情况。

1924年春，张太雷从苏联回国接任团中央书记后，同年下半年，他还在国共合作创办的《民国日报》工作，担任主笔兼社论委员会的委员。他办事非常认真，每晚工作至深夜，直到看完大样才回家。他除了为该报起草社论外，又经常以"泰雷""大雷"等笔名，为《向导》周报和《中国青年》撰写文章，还在《民国日报》副刊《觉悟》上，以《马克思政治学》为题，连续发表了列宁所著《国家与革命》一书的第一章中译文，传播马克思列宁主义。

1925年1月，中国共产党第四次全国代表大会在上海召开，张太雷出席了大会，当选为候补中央执行委员。会后，他被派往广州，在国民党中央宣传部工作，任苏联顾问鲍罗廷的翻译。

鲍罗廷既是苏联派驻国民党广东革命政府的代表又是共产国际派驻中国共产党的代表，所以他的使命除帮助孙中山改组国民党、促进国共合作外，还要指导共产党进行革命活动。

鲍罗廷的办公室设在广州东校场附近的一所二层的小洋楼里。鲍罗廷和军事顾问团住在楼上，张太雷住在楼下。楼下还设有一个翻译室，也由张太雷负责。日间，国民党以及各方面人士川流不息地来到办公处找鲍罗廷商量问题，这些活动事前都由张太雷负责安排，谈话时他也在场担任翻译。当时在广州地区工作的毛泽东、周恩来、邓中夏、陈延年等共产党人，也经常在张太雷的陪同下，与鲍罗廷就中国革命问题交换意见。鲍罗廷还经常出席各种会议，或向群众发表演说，这些活动也多由张太雷陪同前往，担任翻译。有时，鲍罗廷对中国的一些具体问题或情况不熟悉，也主动与张太雷商量。因此，张太雷的工作是十分繁忙紧张的。但他总是以饱满的情绪、极高的工作效率，出色地完成任务，对促进革命统一战线，作出了重大贡献。

七、在广东区委的战斗岁月

张太雷在担任苏联顾问鲍罗廷的翻译和助手的同时，1925年秋，还兼任了中共广东区委常委、宣传部长。他在负责广东区委宣传部工作期间，经常同邓中夏、苏兆征、陈延年等分析省港罢工形势，研究斗争策略，还经常受区委的委托草拟党的各项文件，编写各项运动或中心任务的宣传材料，主编区委的机关刊物《人民周刊》。

《人民周刊》创办于1926年2月，先后出版了50期，其中创刊号至第29期，是张太雷负责主编的。该刊向广大党员和革命群众进行宣传教育，及时揭露与打击帝国主义和国内反动派的各种阴谋，对指导与推动广东工农群众运动和北伐进军，发挥了重要作用。张太雷还经常以"大雷""泰雷""春木""椿"等笔名，在《人民周刊》《政治周报》和《革命青年》等刊物发表文章。从《人民周刊》创刊起至1926年10月止，张太雷在该刊共发表了70多篇评论文章。他以精辟的道理，通俗的语言，针对当时国际国内情况，宣传马列主义，揭露帝国主义和中国反动军阀势力相互勾结的罪恶行径，教育和鼓动广大群众投入反帝反封建的革命洪流。

张太雷还是党的一位宣传鼓动家，经常以各种身份到群众中去演讲。广州东校场、广东省农会、广东大学、第一公园、广东区委以及黄埔军校等处，都留下了他的足迹。

当时，党为了培养革命干部，举办了各种讲习班和训练班，聘请党内负责同志或社会知名人士演讲授课，张太雷就是其中的一个。1925年夏，共青团广东区委举办团员训练班，聘请张太雷在该班讲授《少年国际》《第三国际》等课程。同年冬，张太雷受聘国民党中央党部主办的政治讲习班讲授《世界政治经济状况》，每周两小时。1926年3月，中共广东区委举办第二期干部训练班，张太雷又在该班讲授《目前时局与党的策略》。5月，毛泽东主办第六届农民运动讲习所，培训农民运动干部，张太雷也被聘为教员，讲授《中国革命问题》。

张太雷在广东区委一年多的战斗岁月里，还对帝国主义和国民党右派的阴谋破坏活动，开展了一次又一次的斗争。

1926年2月22日，在英帝国主义的授意下，粤海关税务司贝尔（英国人）借口省港罢工工人纠察队扣留未经海关查验的8船货物，妨碍其职务行使，悍然制造了封闭粤海关事件，以达到其破坏罢工的目的。英帝国主义这一阴谋，激起了广东以至全国各地人民的愤慨与抗议。张太雷于2月25日在广东区委举办的党员训练班上作政治报告时，一针见血地指出："粤海关税务司停止验货是英帝国主义有阴谋、有目的地破坏省港罢工的伎俩。"他还发表评论，指出，"应该认清税务司此次举动是破坏罢工的把戏，我们应一致起来抗议香港此种卑下的诡计"，提出"我们更当团结一致，进行撤换税务司与收回海关管理权之运动"。贝尔慑于广大人民的坚决反对，只得于2月26日重开粤海关。这是广州人民反抗帝国主义斗争的一次重大胜利。

1926年3月20日，蒋介石在广州制造了"中山舰事件"，这是资产阶级新右派对革命力量发动进攻的一个信号。

对于"中山舰事件"的发生，张太雷表现得十分沉着冷静。事件发生当晚，他果断地对爱人说："这里面有鬼！"当毛泽东、陈延年、张太雷以及苏联军事参谋团就"中山舰事件"交换意见、商讨对策时，张太雷对毛泽东提出的以武力进行回击的主张非常同意。他还提出把工农武装起来，组织10万工农群众，以革命武装反对蒋介石的反革命进攻。

为了阐明共产党人对"中山舰事件"的态度，张太雷受广东区委的委托，草拟了一封揭露国民党右派通过制造"中山舰事件"，阴谋陷害共产党的公开信。公开信郑重声明：共产党决心"与帝国主义、军阀、买办阶级、地主劣绅、贪官污吏斗争"，"共产党决计不因为敌人的造谣而放弃革命的工作。"公开信还深刻揭露："帝国主义、反革命派对于共产党这一种的造谣是分裂国民革命的势力，破坏国民党、推翻国民政府、危害广东和平的一种阴谋。"公开信的发表，给予蒋介石以有力的回击。

但是，毛泽东、张太雷等人的正确主张，却被总书记陈独秀所拒绝。他坚持错误的退让政策，说"中山舰事件"的发生，"是由于广州同志们的'左'倾错误所引起的"。陈独秀的态度，更加助长了蒋介石的反共活动。

1926年5月15日，蒋介石在国民党二届二中全会上，又提出了"整理党务案"，进一步限制和打击共产党在国民党中的领导地位。

对于蒋介石这种得寸进尺的反革命阴谋，毛泽东、邓颖超以及国民党左派宋庆龄、何香凝、柳亚子等都表示反对，广东区委的领导人同样表示无比激愤。5月下旬，在中共广东区委的一次会议上，区委书记陈延年指出蒋介石是个政治骗子，极力想捞取政治资本，野心勃勃地搞他自己的打算，主张对蒋介石给予坚决的回击。张太雷也说："我们除了目前的联合战线以外，总应有自己的打算。蒋介石和国民党迟早要同我们分家的。"

为了揭露蒋介石制造的一系列反革命阴谋，5月26日，张太雷发表了《反动派在广东之活动》一文，一针见血地指出"中山舰事件"和"整理党务案"的发生，"很显而易见的就是那班已开除与未开除的反动派所造成的，他们趁了全国现在反动势力高涨的时候，想把革命基础断送"。6月上旬，他又发表《到底要不要国民党》的文章，指出："是否五月十五日的'整理党务案'能解决党内反共产党的纠纷，而因此维持这革命的结合呢？或者由此而进一步驱逐共产分子，以破坏这革命的结合呢？这是现在个个革命党人所最忧虑的，而希望得到一个确定的回答。""我们可以说，攻击共产分子不是共产分子的问题，而是国民党生死的问题，是整个国民革命的问题。如果哪个革命同志不相信这话，历史事实自能强迫你相信这话。"张太雷在文章中还提醒大家，"如果国民党党员，一切革命分子及人民，不能起来防止这种阴谋的实现，我们只能看见革命的结合破坏，国民党的势力衰落。"

张太雷的文章，击中了蒋介石的要害，蒋介石对此怀恨在心。6月28日，他在黄埔军校的一次对学生讲话时，乘机对张太雷的文章进行攻击，说什么"引起两党恶感是不行的"。张太雷对蒋介石的挑衅，立即发表了一个声明，批驳了他的攻击，阐述了自己的观点，指出："共产分子问题是政治问题，不是组织问题，不是一个党员人数的问题，而是左派或右派在党内掌权的问题。"进一步揭穿了蒋介石篡夺革命领导权的阴谋。

北伐军攻克武汉后，全国的政治、军事重心北移。11月16日，张太雷随同苏联顾问鲍罗廷以及国民政府委员宋庆龄等以国民党中央暨国民政府代表团的名义离开广州，从陆路经江西南昌、九江，然后坐船到武汉，负责筹备国民政府迁都事宜。

途中，12月7日，张太雷、鲍罗廷等人专程到庐山，与蒋介石商谈国民政府迁都问题。

北伐初期，蒋介石害怕广州的工农革命力量，曾提议一俟北伐军攻克武汉，就把国民政府迁往那里。现在蒋介石却又自食其言，提出异议，反对迁都武汉。他进驻南昌后，把南昌作为国民党新右派的巢穴，聚集了张静江等一批右派，积极与帝国主义眉来眼去，策划反革命阴谋。商谈时，蒋介石借口定都问题应以战略与军事发展来决定，而目前长江下游的军事正在进行，坚持国民政府暂设南昌，并声言俟南京光复后，再依照孙中山生前的意见，建都南京。张太雷和鲍罗廷等人极力主张按照11月间在广州召开的国民党中央全会的决定迁都武汉。谈判没有结果，张太雷等遂从九江坐船，于12月10日抵达武汉。此后，张太雷便留在武汉，一方面继续担任鲍罗廷的助手，一方面积极参加领导湖北革命运动。

八、危急关头

第一次国内革命战争后期，由于陈独秀一味右倾退让，助长了隐藏在革命营垒中的国民党右派势力的反革命气焰。1927年，当北伐战争发展到长江和黄河流域时，蒋介石背叛孙中山的联俄、联共、扶助农工的三大政策，露出反动面目，在上海发动了四一二反革命政变，大肆屠杀共产党人和革命群众，大革命遭遇了严重的挫折。

面对错综复杂的矛盾和尖锐激烈的斗争，需要中国共产党对形势有清醒的认识并采取果断行动，才能挽救革命。党的五大就是在这种非常状态下召开的，全体党员期望这次大会能正确判断当前局势，回答大家最为关注的如何从危急中挽救中国革命的问题。

1927年4月27日至5月9日，中国共产党第五次全国代表大会在武汉召开。出席大会的代表有陈独秀、蔡和森、瞿秋白、毛泽东、任弼时、刘少奇、邓中夏、李立三、张国焘、李维汉、陈延年、彭湃、恽代英、苏兆征、张太雷等82人，共产国际代表罗易、鲍罗廷、维经斯基等出席了大会。张太雷作为大会主席团成员，和瞿秋白、蔡和森、恽代英、毛泽东等一起，批评了陈独秀的右倾错误，支持毛泽东关于进行土地革命、组织工农武装的正确主张。

陈独秀代表第四届中央执行委员会向大会作了《政治与组织的报告》，涉及中国各阶级、土地、无产阶级领导权、军事、国共两党等问题。报告既没有正确总结经验教训，又没有提出挽救时局的方针政策，反而为过去的错误进行辩护，继续提出一些错误主张。

大会通过了《政治形势与党的任务议决案》《土地问题议决案》等，选出了由31名正式委员和14名候补委员组成的中央委员会。随后举行的五届一中全会选举陈独秀、蔡和森、李维汉、瞿秋白、张国焘、谭平山、李立三、周恩来为中央政治局委员，苏兆征、张太雷等为中央政治局候补委员；选举陈独秀、张国焘、蔡和森为中央政治局常务委员会委员，陈独秀为总书记。

党的五大虽然批评了陈独秀的错误，但对无产阶级如何争取领导权，如何领导农民进行土地革命，如何对待武汉国民政府和国民党，特别是如何建立党的革命武装等迫在眉睫的重大问题，都未能作出切实可行的回答。而真正结束党内的右倾错误，制定正确的土地革命和武装起义的方针，是在三个月后的八七会议上完成的。

反革命活动愈演愈烈，甚嚣尘上。1927年5月21日，反动军官许克祥在湖南长沙发动马日事变，收缴工人纠察队武装，捕杀共产党员和革命群众100多人，随后又在长沙附近二十多个县屠杀革命群众万余人，长沙笼罩在白色恐怖之中。5月底至6月初，国民革命军第五方面军总指挥朱培德也转向反动，以"礼送出境"为名，大肆查封革命团体，逮捕工农领袖，宣布南昌戒严，禁止工农运动，革命形势进一步恶化。

年轻的共产党遭受到自成立以来不曾遇到过的严峻考验。据党的六大所作的不完全统计，从1927年3月至1928年上半年，共产党人和革命群众被杀害的达31万之多，其中共产党员有2.6万多人。

党的组织只能全部转入秘密的地下，在此过程中遭受严重破坏，许多地方党组织被打散了，不少党员同党组织失去了联系。党内和共青团内的一些不坚定分子纷纷脱离党、团组织，有的公开在报纸上刊登启事宣布脱党，有的甚至领着敌人搜捕共产党人。党员数量从大革命高潮时的近6万人急剧减少到1万多人……事实无情地表明，中国革命已进入低潮，反革命的力量大大超过了党所领导的革命力量，中国共产党正面临着空前的危险。

武汉6月的天气已经闷热起来。中共中央政治局会议室里的气氛更是沉闷得让人透不过气来。

开始讨论的时候，李立三、瞿秋白、陈独秀主张东征，罗易、谭平山仍主张南伐广东。

蔡和森大胆地提出一个武装暴动的计划，他拿出自己早已拟好的两湖暴动计划，请大家传看。

罗易不表态。周恩来主动要求去湖南指挥暴动。争来争去，两湖暴动计划被取消了，下一步该怎么办，再也拿不出具体的主张。

这时，担任湖北区委书记的张太雷一边有条不紊地进行工作，处理纷繁的事务，一边在百忙中挤出时间撰写文章，与形形色色的敌人进行战斗。6月6日，他在《向导》周报发表了《武汉革命基础之紧迫的问题》，尖锐地批驳那些官僚政客、地主豪绅散布的所谓工农运动造成蒋介石叛变和武汉政府困难的种种谬论，强调工农武装的重要性、必要性、紧迫性。

6月下旬，反共急先锋何键率领第三十五军从河南前线开回汉口，杀气腾腾地发出反共训令，汪精卫也开始公开煽动"分共"。

7月4日，中共中央在武汉举行常委扩大会议，讨论保存农村革命力量问题。

蔡和森主张上山。毛泽东表示同意："推翻地主武装，建立农民武装，我是准备上山的。"

共产国际的指示已经在党内宣布，中共中央改组，由张国焘、周恩来、李维汉、张太雷、李立三组成临时中央政治局常务委员会。陈独秀给临时中央写了一封信，称自己已不能胜任工作，要求辞去总书记职务。

7月13日，改组后的中共中央发表了《对政局宣言》，公开谴责汪精卫集团的反共罪行，宣布撤回参加武汉政府的共产党员；同时表示继续坚持同国民党一切革命分子合作，不妥协地进行反帝反封建斗争。

7月15日，汪精卫发动七一五反革命政变，大肆逮捕屠杀共产党员和革命群众，武汉笼罩在白色恐怖之中。

在这危急时刻，张太雷不畏困难，冷静坚定地面对复杂的斗争形势，紧张有序地进行工作。

当时，党组织已经不能公开活动，张太雷夜以继日地处理纷繁的事务，和周恩来等加紧部署应变的各种准备工作。白天，他到汉口南洋大楼国民政府大厅参加国共两党的联席会议等活动；夜里，他又参加共产党的各种会议和活动，同时还要会见来访群众，解决湖北工农群众所遇到的各种问题。

当时，从各省撤回一大批干部，集中在武汉，由于形势恶化，对这批干部必须迅速地作出妥善安排。张太雷根据中央的决定，昼夜不停地做工作，凡能回本省工作的干部，安排回本省工作；适宜分配到其他地方工作的干部，分配到其他地方工作；另外，还选派一部分干部到莫斯科去学习。对一些已经暴露的同志，分批进行隐蔽或转移，或者派往贺龙、叶挺部队，去掌握武装力量；对一些没有暴露的干部，则安排他们留在当地坚持秘密斗争。

在中央政治局召开紧急会议专门研究时局问题时，张太雷提出，敌人有可能在武汉重演"马日事变"的把戏，必须马上采取应急措施。大家认真考虑了他意见，决定将中央机关转移，湖北区委也同时迁往武昌胭脂山。

7月15日汪精卫集团公开叛变革命后，张太雷也被列入通缉名单。党中央和湖北区委，被迫转入地下斗争，张太雷也秘密地住进老百姓家里。他不顾自己的安危，终日奔波，动员和组织共产党员及革命群众，迅速往九江和南昌转移，准备参加武装起义。

九、南昌起义后任广东省委书记

1927年7月18日，临时中央政治局常委会连续召开会议，会议由张太雷主持，研究挽救革命的方针和政策。

前景还是令人担忧的。除了7月13日中共中央发表宣言以外，还没有找到实际办法挽救所面临的危机。

周恩来始终没有放弃武装暴动的主张。

蔡和森也是武装暴动的支持者，他在病床上接连给中央发了7封信，建议组织暴动。

会上，张国焘作了一个政治报告，然后由周恩来讲撤退的部署。他分析说，准备第一步撤退到南昌，再图建立革命根据地的活动。因为江西省主席朱培德在旧军人中还算比较老实的，所部第三军同我们比较接近，共产党员朱德还曾是第三军教导团团长并兼南昌市公安局长，军政治部主任朱克靖，也是共产党员，共产党还有一些潜在力量；其次，共产党领导下有众多的有战斗经验的农民，分布在江西、湖南、广东各省各县，只要有革命势力可以依靠，这些有战斗经验的农民，是不会向白色恐怖低头的。在江西建立革命根据地，对于发动组织领导湘鄂赣的农民运动极为有利；再次，江西为鱼米之乡，对南京、武汉成鼎立之势，进可以战，退可以守，也比较容易与大城市的工人革命组织取得联系。

"我看这样吧，"周恩来总结道，"李立三、谭平山、林伯渠、恽代英、吴玉章等重要党员乃至与中共合作的国民党左派，都向南昌汇集，他们有的可以借着第四军的掩护，由南昌转入地下潜伏工作；有的可以暗藏在叶挺部队中，准备必要时实行反抗。"

于是他又提出一个建议："现在大批同志都随第四军行动，我们不能不想到另一点。万一第四军的将领张发奎受环境所迫，转而反共，那我们第四军中的同志不是被一网打尽吗？"

张国焘一惊，忙问："照你的意见……"

"与其受人宰割，不如先发制人。"周恩来明眸一闪，"我刚才接到李立三由九江写来的信，他们主张在南昌、九江地区发起暴动，我觉得完全可行。首先在南昌由叶挺等部起义，联络湘鄂赣一带工农群众，形成反武汉反南京的中心。"

时间紧迫，不能多讨论。张、周二人就以中央常委名义决定周恩来讯即赶往九江、南昌，组织一个前敌委员会，由周恩来任书记，李立三、恽代英、彭湃等为委员，张国焘仍留守武汉。

当天晚上，周恩来连夜召集军委工作人员进行传达。

"现在，我以前委书记的名义，指定聂荣臻、贺昌、颜昌颐三同志组成前敌军委，聂荣臻同志任书记。你们的任务是先到九江去通知我们党内的同志，让他们了解中央的意图，做好暴动的准备。至于何时起义，要等中央的统一命令。"想了想，他又补充了一句，"到九江后，第一个要通知叶挺同志。"

第二天，聂荣臻和贺昌、颜昌颐乘轮船急忙赶到九江，住到叶挺的司令部里。7月20日，一些中央负责人开了个碰头会，聂荣臻和叶挺一起参加了会议，出席会议的还有其他中央委员谭平山、邓中夏、李立三、恽代英等。

李立三是个急性子，在会上说："现在形势非常紧迫，我们应该立即行动，不必等待。"

聂荣臻不同意："这不行，我们没有权力擅自行动，必须等待中央的统一命令。"

最后大部分人还是赞同聂荣臻的主张，等候中央的统一号令。

会上还分析了张发奎的情况。

李立三反对依靠张发奎打回广东的做法，认为很少有成功的可能，甚至会被第三、六、九军包围而被消灭。纵然回粤成功，我们亦必在张、汪协谋之中牺牲。我们应在军事上赶快集中南昌，运动第二十军与我们一致，实行南昌暴动，解决三、六、九军来南昌之武装，在政治上反对武汉、南京两政府，号召建立新的政府。

这一点与会者无异议，都同意将这个意见向中央报告。

会后，临时中央政治局常委成员之一的李立三和中央秘书长邓中夏，代表大家的意见，来到离九江不远的庐山，和正在山上的瞿秋白、鲍罗廷、张太雷等人商谈。

7月下旬，长江沿岸已酷热难当，避暑胜地庐山却是一片清凉。若在往年早已游客如云，今年，由于发生了大的事变，人们少有雅兴到此游玩，到处空荡荡的。

瞿秋白住在仙岩客寓，这是英国人开的一家饭店，林伯渠的叔叔在这个饭店当厨师，汇报会议就是在厨房里开的。参加会议的有瞿秋白、鲍罗廷、张太雷、李立三、邓中夏等。瞿秋白听过汇报，当即表示完全赞同九江会议关于在南昌举行起义的建议。鲍罗廷已在做回国准备，对起义没有把握，但不反对。张太雷也极力表示赞成。于是，临时中央常委会作出南昌起义的部署，在南昌武装起义成功后，立即南下，占领广东，以待国际援助，再举行北伐。于是九江会议的同志请瞿秋白回武汉向中央报告，从速决策。从九江会议到庐山会议，在南昌举行武装起义的计划，初步形成了。

7月21日，在庐山养病的瞿秋白回到武汉，立即提出改组中共中央领导的问题。在汉口法租界的秘密会所里，他告诉张国焘，鲍罗廷可以经过冯玉祥的西北区回到莫斯科去，共产国际已派了一名新代表来，名叫罗明纳兹，一两天内就要到达。

在罗明纳兹的提议下，中共中央常委会于7月26日在汉口一所住宅里秘密举行会议。参加的有瞿秋白，和临时中央常委张国焘、李维汉、张太雷，以及共产国际代表罗明纳兹和纽曼，还有苏联顾问加伦和范克及两位翻译人员。

会议开始时，加伦将军首先报告，说他今天会见了张发奎，与之讨论军事问题。张已同意所部第四军、第十一军和第二十军集结在南昌和南浔线上，不再东进，逐渐转移，返回广东。

"加伦将军、罗代表，现在情况已发生了变化，种种迹象表明，张发奎已经一边倒了。"瞿秋白将汪精卫、张发奎的所作所为，介绍了一下，力主南昌暴动。

接着罗明纳兹发言，他明确表示：目前没有经费可供南昌暴动使用，莫斯科已电令禁止俄顾问在任何情形之下参加南昌暴动。

张太雷、李维汉等委员都有些不解："暴动在即，国际代表怎么能做出这种荒谬的决定？"

他们正要发言，瞿秋白说话了："国际有电报吗？这是国际的意思？"

罗明纳兹说："有。在我报告情况后，共产国际回电说，如毫无胜利的机会，不可举行南昌暴动。"

"共产国际的意思并没有说不支持暴动啊！"李维汉、张太雷都嚷起来。瞿秋白也说："是啊，共产国际用了'毫无'二字，现在南昌暴动不是'毫无'希望的问题，而是希望、成功的把握很大。可以说，国际是支持暴动的，只不过留有余地。"

罗明纳兹听着中国同志议论，他也不置可否，最后说："看来国际电令不能用信件通知前线的同志，我们只能派一位得力同志去当面告知。"他说话时，目光在中共常委们的脸上转了一圈，最后停在张国焘脸上，问道："是否派你去？"

张国焘找各种理由推辞了一番，最后瞿秋白、李维汉、张太雷一致同意他去，他只好答应去一趟。

1927年8月1日，周恩来、朱德、贺龙、叶挺、刘伯承等领导的南昌起义爆发了，打响了武装反抗国民党反动派的第一枪，开始了中国共产党独立地领导武装斗争和创建人民军队的新时期。

8月7日，经张太雷和其他同志的积极筹备，中共中央在汉口召开紧急会议。由于时局紧张，交通异常不便，不但北方、上海、广东等地的代表来不及召集，就是江西的代表，虽经通知，也未能到会。所有到会代表，都是克服重重困难，由党的地下交通员秘密带进会场来。会议只开了一天。到会人数虽少，时间也短，但会议的意义却非常重大。会议批判和纠正了陈独秀右倾机会主义错误，选出了新的临时中央政治局，确定了土地革命和武装斗争的路线、方针和政策，给全党指明新的斗争方向。

张太雷在八七会议上被选为中共中央临时政治局候补委员。会议一开完，他被调到刚刚成立的中共南方局任书记，并兼任广东省委书记。此时，周恩来等人领导的南昌起义部队，已主动撤出南昌，冲破敌人的围追堵截，正按原定计划向广东韩江一带转移。张太雷为筹备召开党的八七会议，熬得两眼发红，人也消瘦了许多，但他顾不上休息，立即动身，昼夜兼程，火速南下。

路，在他脚下默默地延伸，充满了坎坷与曲折。他觉得自己的身体疲惫不堪，但他仍不停地向前走着，走着。他知道，沿着这条路继续走下去，就一定能看到一个阳光灿烂的新天地。

1927年8月19日张太雷到达香港。他与广东特委（大革命失败后，广东省委迁往香港，改为特委）的有关同志取得联系后，第二天便召开了关于改组广东省委的会议，及时传达了八七会议精神以及中央对广东工作的指示。会议制定了南昌起义部队打到哪里就在哪里组织暴动给予响应的部署，还详细讨论和制定了暴动的具体行动计划。

在周恩来、贺龙、叶挺等人领导下，南昌起义部队从闽西上杭插入广东大埔，直奔潮汕地区。张太雷为了向南昌起义部队传达八七会议精神以及领导潮汕地区人民起义，冒着生命危险，秘密地从香港来到潮汕。他通过汕头地委发动潮汕铁路工人罢工，挖断路基，使汕头之敌不能运兵向潮州增援；同时，他发动潮汕地区的商民、店员举行罢工，拒用国民党纸币。他还发动潮汕地区的农民自卫武装起义，一直坚持到南昌起义大军到来。他组织潮汕地区的工农赤卫队占领敌人的警察署及国民党重要机关，打开监狱，释放了被囚禁的共产党员和革命群众。

由于张太雷做了大量配合工作，扫除了许多障碍，南昌起义部队终以破竹之势，一举攻占潮州。为了迅速解放汕头，张太雷又通过汕头地委把潮汕铁路工人组织起来，连夜抢修铁路，组织当地农军，配合起义部队打垮了铁路沿线的反动民团武装。在当地工农群众的支持下，起义部队乘上火车，风驰电掣般地飞速前进，一举攻克汕头。

9月24日，周恩来同前委大多数领导人一起，随军进入离别了一年多的城市。这时，他们太想知道中央的指示。

在两天后的一个晚上，张太雷奉中央之命来到汕头。饱尝了行军作战之苦，看见中央来人，起义军队伍大喜过望，眼前一片光明。

张太雷在稍事休息之后，先找周恩来、张国焘谈话："中央8月7日在汉口开了紧急会议，秋白同志主持的，主要是总结大革命失败的经验教训，陈独秀的右倾投降主义统治已经结束，选举了瞿秋白、李维汉、苏兆征同志为临时中央政治局常委，由瞿秋白主持中央工作。"

周恩来提议："既然中央赋予你全权来指导我们工作，我看前敌委员会书记也由你来担任吧。"

张太雷说："我还要赶回广州，去执行我兼任的广东省委书记职务，前委的工作还是你来负责。我来时，中央要我传达，立三应即回上海，与中央商定今后政策。"

周恩来、张国焘和张太雷与等在大房间的其他领导人见面，张太雷传达中央的指示精神："根据中央的新政策，这里革命委员会的名称要改为苏维埃，就是说彻底丢掉'中国国民党'这块招牌。现在要放弃潮汕，将军队调往海陆丰，会合那里的农军，改组为工农红军。"

周恩来说："中央的指示很重要，但这些事是要从长计议的。我军如果要转移到海陆丰去，也要先击溃汤坑的敌军，一切变更都要在这次战役之后才能实施。招牌的问题迟早是要改的，改过来当然好，是不是等打完仗再改？"

张太雷也知此事难以立即执行，说："好，稍推迟一下吧。我再宣布一下，前敌的事还是周恩来同志负责。"

这时，有参谋人员拿着刘伯承送来的紧急敌情在门外等着，一会儿工夫，周恩来就接到两三份报告了。看来前线情况不妙，他站起身来，对张太雷说："前线情况紧张，我要马上赶去指挥作战，其他问题等战后再说吧。"

张太雷点了点头。

征尘未洗，张太雷又于10月15日在香港主持召开中共南方局、广东省委联席会议。会上，他作了政治报告，着重提出："军队必须在实际上由中国共产党南方局领导下的参谋团的指导下全部转变为工农革命军，军旗改为红旗"，"各地仍应积极准备，一有机会就发动起义"。会议通过了《最近工作纲领》，表示"广东的工农斗争决不会因东江军事失败而消沉，反将完全抛弃等待军队帮助的观念，而有更自动努力奋斗之决心"。

为了迎接新的战斗，会议重新改组了中共南方局和广东省委，南方局由张太雷、周恩来、恽代英、黄平、杨殷、彭湃6人为委员，下设军事委员会，指定周恩来、张太雷、黄平、赵自选、黄锦辉和杨殷负责；改选后的广东省委，仍由张太雷任书记。

张太雷主持了南方局、省委联席会议后，就离开香港，前往汕头，处理南昌起义的善后工作。10月22日，从汕头抵达上海，向中央直接请示有关组织广州起义问题，并出席了临时中央政治局召开的扩大会议。

十、研究广州起义计划

张太雷的突然出现，使爱人王一知又惊又喜。两个多月没见了，王一知打量着他的脸庞说："你瘦多了，也晒黑了。"见她怀中抱着孩子，张太雷喜形于色，他一把抱住母子俩："唉，累了你自己了。"他轻轻地接过孩子，笨拙地学着妇女们的样子左右摇晃着，说："看你这个小东西，像个刚出生的小兔子。"

大革命失败不久，怀着身孕的王一知从武汉来到上海，起先寄住在周姓和宋姓的夫妇家里，后在法租界自己租了间房子，买几件简单的家具，搬进来。也许搬运活动太多，住下的第二天孩子就提前出生了，此时，小家伙的眼睛还没睁开。

分离的两个多月里，中国革命在血的喷洒与呼啸的火焰中抗争搏杀，使他们的生命和灵魂经历了剧烈的震荡。

这一晚，他们谈了很多，谈到八七会议、南昌起义、潮汕受挫。窗纸上透进了幽白的曙色，他们给孩子起了个名字：知春。

在上海，张太雷与苏兆征以及共产国际代表纽曼等一道，继续研究制订关于广州起义的计划。11月17日，临时中央政治局常委讨论了广东形势，通过了由张太雷、苏兆征草拟的《广东工作计划决议案》。11月20日，张太雷离开了上海，返回广东，担负起领导广州起义的重担。

这时，经过广东、广西军阀的纷争，广州已成为拥护汪精卫的张发奎、黄琪翔的天下。张发奎自封为国民党广东省临时军事委员会主席，当起了"广东王"；同时以广东政治分会的名义，任命陈公博为广东省代理主席，黄琪翔为广州卫戍司令。

张太雷是携带着中央的《广东工作计划决议案》回到广东的。

《决议案》对广东的政治任务提出了11项要求，并对宣传、组织、工运和军队等方面作了具体的指示。军事方面，要求广东省委"取消广州暴动委员会，统一于市委，市委指定军事同志一人或三人专做工农军事训练之工作"，"省委下设一军委，以熟悉军事同志组织之，为省委之下军事工作机关"。

这时，汪精卫也对省港罢工工人使出了釜底抽薪的招数。他深知省港罢工工人是广州工人的中坚力量，便以欺骗手段，给每人发90块大洋，随之，用强力关闭他们的宿舍和饭堂，把他们驱散。工人们忍受不了被欺凌又被愚弄的伎俩，便还以颜色。省港罢工委员会所属香港金属业总工会举行了愤怒的抗议集会。

愤怒的人们点燃了大东门几座贴了封条的宿舍和饭堂。这是以自伤的方式做出的绝望和不屈的抗争，人们的呼号声与噼里啪啦的燃烧声交织在一起：

"我们无家可归了，跟他们拼了吧！"

"烧吧，烧吧！把整个广州都烧了吧！"

就在罢工工人焚烧宿舍和饭堂的次日，张太雷即由香港抵达广州。11月26日晚，他主持召开广东省委常委会议，研究当前局势和举行暴动的计划。

广东的局势使大家认为，暴动的时机已到，大家都赞成立即暴动，"变军阀战争为民众反军阀的战争"，"既反对彼狗，又要打此狗，从而建立自己的政权"。

会议研究制订了具体的准备工作：（一）召集全体工会一致行动，准备总同盟罢工；（二）组织赤卫队，作为暴动的主要力量；（三）加紧对张发奎部队内部的策反工作，争取拉出一部分为我所用；（四）做好市郊农民的组织发动工作；（五）指令海陆丰工农武装向惠州移动，以作策应。

起义总指挥部——革命军事委员会成立了，成员为张太雷、黄平和周文雍三人。张太雷任总指挥，统管全盘及军事；周文雍负责赤卫队；黄平协助吴毅和周文雍。

1927年11月28日，广东省委发表了《中国共产党广东省委员会号召暴动宣言》：

工人、农民、兵士同志们：

我们对于广州目前政局，郑重发表宣言，因为这次事变于全国的政局是有很重大的关系，现在的事变已经一一摆在我们面前了。

11月17日张发奎在广州的军事行动，开始了全广州的流血战争，新的反革命政权又向工人阶级进攻了。同时，我们海陆丰的农民同志已经得到一个伟大的胜利，他们打倒一切反动势力，没收了土地，建立了苏维埃政权，现在正向普宁、紫金、惠州等处发展。

工人们！张发奎军事行动的真正意义是什么？南京政府已经完全破坏和瓦解，在这个时候，革命叛徒汪精卫重新与实行白色恐怖及新从日本回国的蒋介石勾结起来，想造成别一派军阀，张发奎、黄琪翔、陈公博都是他们的爪牙。

蒋介石确是11月17日军事行动主谋者，蒋介石是4月12日上海屠杀的刽子手，他是以屠杀工人为职业的。

…………

李济深在4月15日以后，枪杀万千的工人、农民和兵士，捕囚4000余人，霸占工会会所，组织改组委员会，制造并保护那些白色走狗，指挥警察摧残示威大会，解散省港罢工委员会，屠杀和破坏革命的群众运动。

张发奎的新政府是：枪杀徒手工人，逮捕我们的代表，制造新的工会改组委员会，霸占更多的工会，制造并保护同样新的白色走狗——革命工人联合会，指挥从前李济深的警察摧残示威运动，驱逐省港罢工工人出宿舍、饭堂，给他们几十元恶浊的津贴，还要换发四成不值钱的金库券。

我们是中国工农群众的政党，因此，我们在工农群众面前是没有一点儿秘密的。

…………

我们共产党明白宣言：我们决定奋斗到底，反对强盗李济深回来广州，我们保护广州，用我们最后的力量去攻打李、黄的军队。

…………

我们应该选择：

为苏维埃政权奋斗的是共产党和广大的工农群众。

为苏维埃政权奋斗的是三千万广大的农民群众。

为苏维埃政权奋斗的是在海陆丰的工农革命的力量，他们打倒了一切敌人的军队，他们现在有成千的枪和机关枪，他们占据了海丰、陆丰、紫金、汕尾、碣石诸地，到处铲除豪绅、地主、军阀，建立苏维埃的政权。

为苏维埃政权奋斗的是一切革命的兵士和下层军官，他们不愿意接受反革命命令去反对工农群众，他们愿意在人民方面和共产党方面共同努力国民革命。

广州的战争要以一当万，有破釜沉舟的勇气和决心。

全中国的眼光，而至全世界的眼光注视着你们！决战的时间快到了！

张太雷把11月26日的会议决定情况函告尚在香港的恽代英，恽代英随即将此函转报中央。

这时，在张太雷的领导下，广东省委及时出版了省委机关刊物《红旗周刊》，并印发大量传单，积极鼓动广大人民群众参加起义。

由张太雷为书记的革命军事委员会，作为广州起义的最高领导机关，任命叶挺为起义的军事总指挥，叶剑英为军事副总指挥，指定徐光英制订军事计划。广东省委派聂荣臻、黄锦辉、杨剑英赴广州参加起义的筹备工作，派赵自选、周其鉴等分赴各地组织武装起义。

十一、筹备起义

当时，白色恐怖正笼罩着整个广州城，张太雷把个人安危置之度外，为准备起义而紧张地工作着。

这天，白鹅潭江面烟水迷蒙。这里停泊着不少帝国主义的军舰和洋船，在它们阴气森森的夹缝中，有一条灰绿色的小轮船，船的十字杆上飘动着白底蓝边三角水纹旗，上书一个大大的"邮"字。

广州工人代表大会有关负责人会议今天就在这条邮船上召开。

张太雷来到码头上。他穿一身藏蓝色唐装，戴着金丝边厚玻璃眼镜，金表链横挂在胸前，像是个洋行职员。有几个着唐装、黑呢帽、戴墨镜、叼香烟的人在不远处的东桥边向他张望，其中的一个走了过来。张太雷镇定自若。黑衣人走近，原来是自己人，是布下的暗哨。黑衣人勾指打了个唿哨，江面摆出一叶小艇。张太雷乘上它，向邮船靠过去。武装警察从他眼前横穿而过，黑狗子还狐疑地看了他一眼。

　　船舱约有一丈来宽，三丈多长，四周用帆布遮得严实，只有靠近驾驶室的那扇小窗透进一缕光线。各路工会都有人来，共二三十人，把船舱挤满了。帆布篷掀动，张太雷跨了进来。"怎么样，同志们？"张太雷热情地打个招呼，盘起双腿坐下，取出怀表看看，兴奋地说，"同志们，报告大家一个重要消息，党决定在广州举行工农兵武装大暴动！"

　　暴动已不是新的话题，但党的明确决定还是让大家激动起来。大家向一个中心聚拢，把张太雷紧紧围在中间。这个说："报仇的时间到了！"那个说："广州早该赤化，还等什么呢？"

　　被克制住的声音使人感到压抑，只好用拳头擂击舱板，有的拳对拳地互相撞击，求得些许发泄。

　　"什么时候动手哇？太雷同志。"海员工会的何振武问了一句。船舱里骤然变得鸦雀无声，目光都盯向张太雷。

　　"这个我也说不准。"张太雷从从容容地说，"反正要暴动。大家知道，咱们忍耐够了！国民党反动派太狠心，上海杀不够，又在广州开刀。难道我们就一天天背着手等着倒霉吗？共产党不是泥巴捏的，那么好欺侮？你们都知道，周恩来等同志领导了南昌起义，毛泽东等同志在湖南领导了秋收暴动……"

　　张太雷说话声音不高，吐字也不快，但激昂、有力度，沉着而自信。

　　接着，会议讨论了准备事项，主要任务是：第一，积极训练工人群众，组织革命武装；第二，打击改组黄色工会；第三，宣传发动群众，揭穿反动派阴谋，坚持罢工斗争。

　　临了，张太雷取下眼镜，用手帕抹了抹镜片再戴上，说："暴动是个大事情，一点儿也急不得，省委决定从现在起，积极进行准备工作，什么时候准备好，就什么时候动手干！"

　　按照起义总指挥部分工，周文雍把分散的"剑仔队""工人自救队""省港罢工工人利益维持队""海员义勇团"等秘密武装，按11个区编成统一的工人赤卫队。由于隶属不清，居住分散，不便集中指挥，周文雍又同黄平、杨殷、吴毅、陈郁等人重新研究，决定按照地段，结合行业，将11个区的赤卫队迅速整编成7个联队，每个联队下设3个大队，大队下设3个中队，中队下设3个小队，每小队有10个人，叫"10人小组"；还成立了由汽车司机组成的独立汽车队，以及破坏交通队、红色恐怖队、敢死队、消息局等负有特别任务的组织。

11月底的一天，第四军军官教导团党员骨干唐维、李云鹏、王侃予等人在市内一个小院子里开会。张太雷向他们传达、阐述了中央和省委有关暴动的决议，并说："自武汉当局背叛革命后，我党一时未有对策，有的同志主张到外蒙建立根据地，再图向南发展。"他批评了这种想法，指出："应该走十月革命的道路，领导武装起义，建立苏维埃政权。"参加会议的还有两个人，一个是徐光英，他原是叶挺第二十四师的参谋长，南昌起义后撤退至香港，被派来负责暴动的军事工作；另一个是新成立的第四军特务营长，叫梁秉枢。

当晚，教导团党团召集组长联席会议。秘密的消息犹如一场大风暴的前锋，渗透了教导团四标营的各个角落。

这时，消息灵通的第四军副军长缪培南悄悄找到张发奎，告密说："教导团吃着国民党的饭，却唱共产党的调，留着它迟早是养痈为患。"他献上了消除这块心病的计策：一是"去沙存珠"，把全体学生送到黄埔军校去过筛子；二是"化整为零"，全部分到部队去当下级军官；三是"软刀杀人"，发给路费遣散回家；四是"斩草除根"，用尽一切办法一网打尽。

张发奎没点头，也没摇头，就像共产党内有人对他存有幻想一样，他对教导团也存有幻想。

一个阴雨天的午后，紧急集合号吹响，教导团全团在大饭厅里集合。团长杨澍松把一个穿灰色西装、梳着亮净分头的人领上台，介绍说，此人叫朱勉芳，曾在德国学过军事，特派来任本团参谋长，以整顿本团教育。杨澍松并称自己新兼黄埔军校教育长，团内的事由朱参谋长全权负责，大家要一致服从。

下来是朱勉芳训话。他背起双手大侃一通，什么汪主席是孙中山唯一的忠实信徒，张将军是左派的革命领袖，军官教导团的学员跟着他们走，将前途无量，等等；还很起劲地把德国军国主义的教条鼓吹了一番。讲到兴头上，他摇脑壳，踱方步，在原本就搅拌着地方口音的汉语里，兑上"OK、OK"的几句洋话，再加上装模作样的缩脖耸肩，让几乎所有人的神经都感到难受，有人当场送给他一个绰号：土西崽。

朱勉芳是张发奎的表弟，也是亲信。他一到差，就天天在办公室里干叫，这不对，那也不对，要办这个，要办那个。谁一旦被找到碴子，抓住把柄，动辄抽耳光，关禁闭，以致开除。他还勾结公安局，如发现有学生在校外活动，就叫公安局逮捕。教导团里的反动分子有了靠山，也把监视跟踪进步学生当做乐事。王圣夫经过宿舍门口，见里面有几个人围成一堆，赶紧蹲到窗下偷听。

是朱道南的声音："日本教官气势汹汹地向叶团长猛刺过来，叶团长一个箭步冲上去，大喝一声，举刀凌空劈下，两把刀咬在了一起，叶团长从上往下狠压，那骄横武士敌不过，上气不接下气地说：'不要太重，不要太重！'"王圣夫悻悻地走开了。他知道，这是叶剑英在云南讲武堂的故事，也许是专给他王圣夫听的。现在，教导团虽由杨澍松等人负责，但实权掌握在老团长叶剑英手上，反动分子也不敢太嚣张，双方都在心里较着劲。

山雨欲来风满楼。叶剑英先后两次特意来团里讲话，都是带骨带刺，意在压制朱勉芳的气焰。

为了壮大暴动的力量，暴动总指挥部努力把一切可以争取的力量争取过来。

争取新编第四军警卫团，为使之充实、加强，张太雷把这个任务交给了叶剑英。

当时警卫团有两个营，一个是第四军军部特务营改编的第1营，另一个是原李济深第八路军特务营改编的第2营。军官成分良莠混杂，尤其是在第1营里，多是张发奎的亲信。叶剑英把着张发奎的脉穴，以广州城防空虚为由，提出扩编警卫团的建议。张发奎正为广州兵力薄弱，后防不固，且无力压制广州工人运动而大伤脑筋，便采纳了这个建议。叶剑英又推荐中共地下党员梁秉枢担任了团长，并千方百计让张诗教、陶铸、蔡申熙等中共党员担任了团里主要领导职务。

梁秉枢一上任，就以团长的名义于12月1日在《广州民国日报》上发出布告："奉军长令，警卫团士兵缺额，着本团长自行在广州附近招募补充……"经内外配合，300多名省港罢工工人应征进了警卫团，编为第3营，由中共党员施恕之任营长，各连的班排长也大都是从教导团调来的进步学员。

这样，共产党基本上掌握了警卫团的领导权，并在基层有了自己的骨干力量。

叶剑英不仅秘密地准备了教导团、警卫团两支武装力量，还要他的堂弟李新俊前往石龙，动员具有革命倾向的七十五团团长李明等策应暴动，并约定了联络暗号。

12月4日傍晚，张太雷又于黄花岗召集教导团、警卫团和黄埔军校特务营等单位党团员和积极分子200多人举行秘密会议，向大家作了关于当前国内形势以及目前广州敌我情况等问题的报告，要求大家分头联系周围群众，加紧做好全体革命官兵的思想发动工作，并仔细调查和严密监视团内反动分子的活动等等。会后，张太雷还亲自主持了教导团各级干部的分组训练，做好教导团的各项起义准备工作。

与此同时，张太雷要省委通知全省各地党组织，准备发动农民起义，与广州起义配合，并相继派出张善铭、阮啸仙、赵自选、周其鉴等人分赴省内各地组织农民起义，准备配合广州起义；又加强与彭湃率领的海陆丰农民起义军的联系，要他们尽快向惠州方向移动，以便与广州起义呼应，争取与广州迅速连成一片；此外，省委还通知正在湘鄂边活动的朱德、陈毅率领的一部分南昌起义部队赶紧南下，准备参加广州起义。

12月5日，中央给广东省委来信，同意广州暴动的计划。在这之前，中央已指示省委，"暴动后成立的广州市工农兵士贫民代表会议，可选进苏兆征、周恩来等为主要干部。"

十二、暴动进入倒计时

暴动进入倒计时，恽代英和聂荣臻也来到了广州。

此前，恽代英在香港主持留守机关的工作，并主编广东省委机关刊物《红旗周刊》，编好后用商业广告包裹，由交通员秘密带往澳门印刷。恽代英在《红旗周刊》上发表题为《冬防》的文章，号召穷苦的农工不交租，不纳税，不还债，"起来吧！便是这个冬天，我们要准备大暴动，解除一切冬防军队的武装，为我们穷苦人打出一条出路。"

聂荣臻是广东省委军委负责人，这时致力于军火武器的筹备工作。

恽代英、聂荣臻二人一到，张太雷在广州主持召开了省委常委紧急会议。恽代英宣读了草拟的苏维埃宣言、告民众书等，获一致通过。黄平、周文雍、吴毅、陈郁等人参加了这次会议，会上拟定了苏维埃政府成员名单。

省委常委把暴动时间定于12月12日，会议通过的苏维埃政府成员为：

主席苏兆征（未到前由张太雷代理）；

人民内务委员黄平；

人民肃清反革命委员杨殷；

人民土地委员彭湃（因现任海陆丰苏维埃主席，由赵自选代理）；

人民劳动委员周文雍；

人民外交委员黄平；

人民司法委员陈郁；

人民经济委员何来；

人民陆海军委员张太雷；

秘书长恽代英；

工农红军总司令叶挺；

工农红军总参谋长徐光英。

这时，市委宣传部负责人赖先声召集团市委、妇委会、劳动童子团和各区工会有关人员，研究了组织宣传队、准备暴动标志和横额、抄写标语、宣传品的印刷等问题，并作了分工，会后分别抓落实。团市委和劳动童子团从学校里组织起一批宣传队，并选出毛笔字写得漂亮有力的学生，抄写标语。暴动宣言、文告和传单的印刷，由赖先声与杨殷联系，偷运到澳门去办。妇委会承担了制作暴动标志的任务。周文雍的恋人陈铁军和李淑贤发动车衣工会、布衣工会的女工，还有执信学校、女师的学生，以办喜事为由，三三两两去西关、惠爱路各布店，把市面上红布购尽，赶制红领带、红袖章、红旗和横额。

石井兵工厂的1000只标枪，也在暗中陆续赶制出来；还有分散在各处制作的500只手榴弹和炸弹，都悄悄向大安米店汇集，又塞进装大米的麻袋里运送到工人赤卫队各联队。

就在这个节骨眼儿上，汪精卫之流伸出了企图把暴动扼死于摇篮的毒手。

正在上海与李宗仁、吴稚晖们争权夺利的汪精卫，本因张发奎推翻李济深，而被指斥为"通共"，他每天都在抗辩，恨不能浑身长嘴。而近期传闻纷至，更压得他七窍蹿火。他恨死了被政敌当作武器的共产党，于是连夜派妻子陈璧君赶往广州，对张发奎的一班人训令，叫他们暗中防备，"不要让共产党暴动起来"。9日，汪精卫又迫不及待地给陈公博、张发奎、朱晖日、李福林等连发三封电报，杀气腾腾地说："所部凡有纵容共党者，立即严加惩办，决勿稍存宽恕，贻误无穷；并饬军警严拿匿迹苏俄领事署内共党；如苏俄领事有包庇事情，应即勒令出境。"次日，又复电敦促，"坚决反共，勿为敌人所笑，为亲厚所痛。"

电报中还说："弟因黄琪翔同志掩护共党"，"拟恳向华（张发奎）兄英断，请琪翔兄暂时退休，认真肃清共党。"

对于张发奎来说，谁要动摇他的地位，抢夺他的地盘，谁就是他的死敌。共产党要暴动，教导团将参与的事，他早有耳闻，教导团也有人向他告密，他没有下手镇肃，一是因为他的部队正与李济深、黄绍竑剑拔弩张地对峙，精力顾不上；二是因为要利用教导团的想法，加上叶剑英多方劝阻，使他对教导团要参与暴动将信将疑；三是因为"四一五"反革命政变后广州的共产党元气大伤，还不成气候，有几个小风浪也翻不了大船。

汪精卫的三封急电，使张发奎受到了震撼。恰在此时，巡查的军警从米袋里搜出60枚手榴弹，并顺藤摸瓜，破获了大安米店，用棍棒、火钳从米店老板口中撬出了实情。

张发奎连下三道命令：

第一道以查出手榴弹，保障市民安全为由，宣布广州实行戒严；

第二道要黄琪翔迅速从前线向广州抽调军队；

第三道是收缴第四军教导团的枪械。

风云突变！叶剑英又一次临危而出。他把敌人的动向急报党组织，并亲赴教导团，向全团通报严峻的形势。"很遗憾，张总指挥听到坏人告密，诬指我们教导团要举行武装暴动，并且准备从外面调部队来缴你们的枪。因此，我已向张总指挥当面辟谣，大家可以放心操练，不要相信坏人的谣言！"他话中有话，"国民党内部斗争十分激烈，新旧军阀仍在津浦路混战，叶、贺队伍退到海陆丰，还要聚众起事……"

此前，他面见张发奎，说："总指挥，根据我的侦察，所谓共产党暴动的情报并不可靠。"

张发奎沉吟不语，因为援兵尚未抵达。

12月10日早晨，一代名将叶挺从香港动身了。他参与领导南昌起义，后率部来到广东，自潮汕退到香港后，与背着"叛徒"眷属罪名逃到澳门的妻子李秀文相聚。昨晚，他接到了省委关于提前暴动、他被指派为军事总指挥的紧急通知。

走进九龙尖沙咀车站候车室，他的目光一沉，他看见了熙熙攘攘人群里的胡毅生。此人是胡汉民堂弟，两年前因主谋刺杀廖仲恺被通缉，亡命香港。叶挺扯扯衣领，把礼帽拉至眉沿，买了张三等车票。

午后，叶挺乘火车到达广州车站，转乘上赤卫队的卡车。专程来迎接的周文雍和杨殷告诉他，由于情势急变，原定于12日举行的暴动提前至11日凌晨3时30分。叶挺无语，他对行动计划及敌我双方的实力尚无翔实的了解。

到了叶家祠，叶挺让妹妹叶香、叶珠帮他找一套时令西服和衬衣换上，顾不上寒暄，便去找负责拟订军事计划的徐光英。他要尽可能多地掌握情况。

十三、下达紧急命令

汪精卫、张发奎决定先下手，使暴动胎死腹中。张太雷等得到此消息，决心改变暴动的原定计划，先张发奎下手，立即举行暴动。经由张太雷、黄平、周文雍组成的革命军事委员会讨论，形成了决议。

广东省委向中央作了紧急报告。报告说："广州暴动之时机已到，此时如不动作，教导团力量将被其解散，同时敌人更加紧张地向我们进攻"，"省委决定明日即举行广州之暴动"。报告要求"中央对此事给我们以迅速而详细的指导"，并再次希望"派恩来同志来指导最近工作"。同日，向广州的革命武装力量发布了举行暴动的紧急命令。

紧急命令在广州城飞快地四下传递，以激奋和带有英雄气概的情绪传递。

为了保证起义的顺利进行，起义前夕，张太雷在广东省财政厅附近一幢党的秘密机关，又召开了教导团、警卫团的骨干会议，决定11日凌晨3时半起义，当日的行动口令为"暴动"。会上，张太雷任命了李云鹏为起义时的团长，叶镛、赵希杰、饶寿柏为1、2、3营营长，各连连长皆由共产党员担任，各排排长和班长也多是积极分子。会议还确定了起义部队的标志、各连队进攻的目标和起义时对团内敌人采取措施等问题。会后，张太雷派了一个青年携着包袱，装着预先准备好的铁锤镰刀旗子以及红领带等物，随新团长先到教导团。

10日，吴毅来到十九路杨巷胜利汽车修理行，这里聚集着海员骨干。吴毅开口就说："同志们，风声紧得很！"他逐个询问了暴动的准备情况，又说："要抓紧最后的时间把一切准备好！小北兵工厂被敌人破坏了，有人叛变，教导团也有人告密。今天上午的情报讲，张发奎正在把韶关的军队调来，这龟儿子眼看要下毒手。省委叫我通知各位，暴动时间由原来的12日提前到11日，也就是明天凌晨3点30分，4标营一打枪，就动手！"吴毅掏出一个淡绿色的小本，上面写满了数字、地名，还画了好些地图。他逐一布置了任务。最后轮到何振武，任务是严密封锁长堤西濠口一带江岸，不准任何人来往，大小船只一律冻结。吴毅特别交代他："你的担子不轻哇！让那些家伙从你胯下溜到李福林那里去，麻烦就大了！"

军委负责人季步高找到省港罢工工人甘宝源。甘宝源兴冲冲地说："家伙收到了，该'抄'了吧？"他指的家伙是收到的几支驳壳枪和几枚手榴弹，是一位十二三岁的小姑娘分批送来的。季步高以笑作答，说："齐黑的时候，把家伙送到酒米工会，交给黄荣或是刘楚杰。你再去国民汽车公司找关国，他会把任务告诉你。"甘宝源晃了晃拳头："是不是——"季步高仍不理会，掏出一沓烟纸，说："还有，把这拿去送给酒米工会的赤卫队员，一人一张，晚上12点之前带到工会集合。"烟纸上盖有邮票大小的红印、篆字。甘宝源接过来，很快便去分派。

张太雷来到谭新街姑婆屋，这里是党的秘密机关，周文雍和杨殷也在这里。他们给第三联队、工农特别联队和南海县农军布置了任务，决定从铁路工人和建筑工人组成的第三联队里，抽出两个中队，组成敢死队，由王春、李连任队长，配合攻打公安局，叫黄寿协助指挥，攻击目标，还有西区各警察分局和石围塘火车站。张太雷进屋后，同大家逐个握手，作了一番鼓动，然后要杨殷接着说。杨殷拍拍黄寿的肩膀说："公安局是敌人的中心堡垒，对付它要特别勇敢，还要灵活才成哪！"又对曾伟赞说："打车站的担子不轻呀，就落在你身上了！"曾伟赞硬气地说："殷叔，看好吧！"随后，黄寿回到姐姐家中，从厨房水围基的砖下取出驳壳枪，去掉桐油纸，往裤头上一插，便赶往旧仓库。曾伟赞也先回家，点亮神台上的油灯，搬开香炉，从底下摸出一支德国造曲尺手枪，一包子弹。他把枪擦净，装上子弹，出门直奔将军庙直街。

手车夫工会支部大会在第十甫路曾巷举行。第二联队队长沈青宣布："暴动定于今夜3点半动手，听东北角4标营枪声为号！"人们发出一声欢呼。支部书记黄益华把拳头往台上一搁："同志们，为死难烈士报仇的时候到了！为劳苦工农打江山的时候到了！大家要听从指挥，带领工友勇敢战斗！一切为了暴动胜利！"接着，沈青分配攻击任务。李沛群迫不及待地问："我们呢？我们第六大队打哪里？"沈青说："会合其他队伍，打第五警署。"嘿！不是冤家不聚头，手车夫提起警察就恨得牙根痛，喊声打，还不打成肉酱？刚要走，被黄益华拉住。黄益华从抽屉里取出油印的《工农兵暴动歌》。李沛群说："我还以为——起码也给支'大六火头'呢。""那土造枪哪能比？"黄益华笑道，"列宁领导俄国革命，只提了6个字：面包、土地、和平，就推翻了沙皇统治。"李沛群也笑了，连连点头，然后回到第四分会楼上集中。他拉上石喜上街，去通知出夜车的工友。

妇委会的陈铁军过来发给陈功武3节双豪银洋，总共30块钱，作为当晚的餐费。陈功武还得到一张委任令，上面用铅笔写道："兹委任陈功武同志为工人赤卫队第一联队政治主任，须听从命令，不得违背。"7时，他们来到第一联队的集中地点龙藏街大邱书院。第一联队约有600名工友，分属打石、电务、油业、酒米柴炭、瓜菜、派报、颜料、茶叶、手车、汽车等工会，及一部分省港罢工工友，彼此多不相识，所以，门前有三五名守卫检查证件。

周文雍到明星戏院，饱蘸浓墨，书写了"广州苏维埃政府"的巨幅横额。他随后来到大邱书院，对陈功武说："给你个任务，去小北直街拿手榴弹，立即去！"并交给他一张两指宽纸条，上面写道："兹介绍陈功武到来，请予接洽。"周文雍又同联队长、大队长围着一张饭桌，对攻打公安局作细致的布置。他说："公安局的情况一定要记清楚：一入门有道铁栅，门对面正是办公楼。穿过天井，北边是警察宿舍，南边是材料库、监仓。敢死队一干掉门警，大队立即冲进去，一部分冲入警察宿舍抓俘虏，一部分绕到后边，把监仓里的同志放出来……"

叶挺找到徐光英，向他了解各方面的情况。

徐光英掌握的情况是：张发奎的主要力量集结于西江等地，但广州市区的兵力细算起来，仍有不少，新编第二师第三团驻陈家祠；李福林第五军一个营驻河南海幢寺；沙河、燕塘一带驻有炮兵5营；北校场有步兵4连、东山2连；国民党省党部、广九火车站、第四军军部、观音山、省长公署、军事厅、文德路等处各驻1营、1连或1排；公安局所辖保安队分驻各警署及机关，有枪千余。总计驻地不下二三十处，兵力7000人以上。反观己方，有教导团4000余人，警卫团有把握的一个营，工人赤卫队约3000人；枪械共约1300余支，工人赤卫队仅有数十支。

叶挺边听边想，工人赤卫队缺乏严格的训练，而且，作为局部地区的军事行动，不能不同周边的局势联系在一起考虑。

作为久历沙场的军事将领，叶挺不能不感到形势的严峻，因为广州外围反动派的势力太强大了，他的头脑异常冷静。

晚上8时左右，他和徐光英赶到永汉南路，在番山市场一家杂货店二楼出席军事参谋团会议。

参加会议的有张太雷、周文雍、黄平、聂荣臻、杨殷，还有暴动总指挥部新任命的教导团团长李云鹏，营长叶镛、赵希杰、饶寿柏，警卫团的梁秉枢、陈选甫、袁耐坚，赤卫队的沈青、邓苏、李连，农军的周侠生、陈道舟、吴勤等。张太雷同叶挺说了几句，便同周文雍匆忙离去，去检查赤卫队各战斗单位是否到位，他们对此放心不下。黄平去接应共产国际代表纽曼。

与会人员汇报了情况，杨殷和徐光英又补充了一些敌方情况，加上徐光英先前的介绍，叶挺对手中的作战图表有了整体的把握。叶挺一直在沉思默想，他对作战方案作了综合调整。军事参谋团制订的全盘作战方案是：

教导团第1营主攻维新路公安局；2营各连分别攻打敌学兵营、沙河炮兵团和广九车站；3营解决长堤肇庆会馆第四军军部；炮兵连各排配合打沙河炮兵团、省党部、东校场公安分局、新编第一师司令部等处；工兵连攻击省政府、市政府、财政厅、中央银行等机构。警卫团第3营分别进攻第四军军部、仰忠街军械库，占领文德路第十二师后方留守处；2营原地警戒，并在东堤一带设防，严防河南李福林部渡河增援；1营警戒观音山一带，防止敌军从北面反扑。工人赤卫队第一联队和敢死队攻打公安局；第二联队攻打第四军军部和广九车站；第三联队攻打西区各警察分局、粤汉铁路局、陈家祠驻军和西瓜园保安队；第四联队攻打大佛寺警官讲习所、大南路警察分局及附近军警机关；第五联队攻打省长公署、观音山驻军和德宣路警察分局；第六联队分两路，一路攻打芳村警察分局、保安队和广三铁路车站，另一路攻打佛山；第七联队机动。暴动时间是11日凌晨3时30分，口令为"暴动"，特别口令为"夺取政权"，暴动人员一律在脖子上系红领带为标记。

叶挺对战斗中相互呼应、伤员救护和后勤供应作了提示，并强调了周密侦察和因敌用兵的重要性。

布置就绪后，各路领导和骨干迅速返回，一位年轻人携带着装有铁锤镰刀红旗和红领带的包袱，随李云鹏等去教导团。

陈功武揣上周文雍给他的字条，去大安米店领取手榴弹。他带着六七位工友，出龙藏街，经四牌楼、越华路，司后街、二牌楼，上了小北直街，再过一座小桥，到了大安米店。他们进去后马上闩上门板。汽灯捻得很暗，米店的同志接了陈功武的字条，便从后屋里搬出米袋，每袋藏有10多枚手榴弹，清点完捆扎好，一袋一袋堆叠在门边。他们不知道，朱晖日派出的警察埋伏在四周，已经苦等多时了。

他们正要运走手榴弹，迫不及待的警察已扑到门前。"开门！开门！搜查！"十来支枪撞得门板吱呀欲裂。"快走！"店内的人奔到天井里，翻墙而去。陈功武几个人路径不熟，跑入店堂后进的死角。门哗啦一声碎裂，二三十名警察蜂拥而入。警长喝令守门的黑狗们把搁在通道里的破条凳和烂台板搬开。陈功武抽冷子拔腿就跑。进了豪贤街，陈功武从兜中掏出夜餐费剩的3元双豪银洋，抛到卵石路上，叮叮当当一阵乱响，身后杂乱的脚步声消失了。

施展和苏南按照杨殷的命令，到各赤卫队集结点检查和督促。

施展来到白圹桥的糖面工会。灯火暗淡的工会大厅和天井里密密麻麻地站满了人。队长刘昌穿粗布唐装，腰束布带，他正在告诉大家怎样攻打保安队。施展对一位熟识的青年说："今晚该轮到打保安队啦！"青年说："当然，今晚老子给他们送终！""带了什么家伙？""家伙？犀利啦！"青年撩起衣襟，露出一把用竹子削成的短剑。

刘昌走了过来，施展问他："都准备了家伙？"刘昌捂住腰间的手枪把，神色得意地说："每人一支。"又问："都是什么？"答："当然是枪。"施展不信，刘昌往门口一指，十几名队员扛出一捆捆的石斑木，丢在天井里，"领枪的来啦！"队员们一人一条，舞弄起来，还真是刀枪如林。

施展检查的最后一个点是线香街搭棚工会。这里属于邓苏和徐向前领导的第四联队、第六联队。队员们系着红领带，各式各样的武器已拿在手上。中队长周福举着一面红旗，他腰束藏青布带，衣袖卷起，露出粗壮的小臂。他告诉施展，徐向前和邓苏在别的地方集结，分别打两个警署，他的这个中队攻打讲习所。周福顿了顿旗杆说："要能有支短枪就好了，全队的枪都给分光了。"施展一听，就把自己的短枪给了周福。

此时，各地的赤卫队员都已准备就绪，只等着4标营的信号。

一队队、一组组的工人赤卫队潜伏在工会会址和民舍里……

农民赤卫队接到命令后，也紧锣密鼓地行动起来。

在南海县，陈道周、周侠生等人举行了县委紧急会议，制订了攻击敌人配合暴动的方案。农民赤卫队拿出纸张和红花粉，连夜裁纸、磨墨、写标语，贴到村庄和铁路沿线的树干、电线杆和墙壁上。

花县的农军接到通知后，300多人分批次急进广州。

张太雷、叶挺、周文雍、恽代英、徐光英乘坐小车，由教导团连长曾干庭引领，正驰往教导团的驻地4标营。

十四、广州起义爆发

1927年12月11日，张太雷胸前的怀表一分一秒地走向这个历史性的时刻。

张太雷、叶挺、恽代英以及工人赤卫队的代表等人乘车驰抵4标营。

团部后面一间屋子里，叶挺下令除掉朱勉芳等反动爪牙，立即集合部队。

行动小组的王若冰、许桓、连汝瑶和刘玉麟直扑参谋长朱勉芳宿舍，门口的两个卫兵未及反应，就被缴了械。从睡梦中惊醒的朱勉芳慌忙抄起手枪，已冲到他床前的王若冰当头就是一枪托，朱勉芳"哎哟"一声栽倒在地，四人死死将他按住。朱勉芳大喊："我没有反革命！"他的嘴里立即被塞进棉絮，双臂也被捆牢。四人推着他去团部，他犟着不走。王若冰用上了刺刀的步枪猛捅他的腹部，许子威也把刀刺进了他的胸口。朱勉芳挣扎了两下，死了。

各行动小组都干得痛快淋漓。朱勉芳的同伙1营长方际平、3营长樊少卿等反动军官和暗藏的反动分子共50余人，被一网打尽，其中15人被押到操场一角处决。

没有吹号，也没有吹哨子，全团官兵静悄悄地向大葵棚饭厅集中。

张太雷、叶挺、恽代英等人站在用饭桌和长凳临时布置起来的主席台上。队伍里发出兴奋的低语声。这几位具有传奇色彩的大革命风云人物，就实实在在地同他们战斗在一起，而且要率领他们向黑暗势力宣战了。官兵们被一种神秘而崇高的气氛所深深地感染。

誓师大会开始了。张太雷扫视着整齐的队列。官兵们全副武装，他们撕去国民党军队的符号、臂章及青天白日帽徽，在脖颈、军帽和左臂上各扎了一根红布带，透着革命的气派。

张太雷激情难抑地说："同志们！今天我们要举行暴动，解除广州敌人的武装，打倒帝国主义走狗国民党反动派，建立广州苏维埃政府。你们是暴动的主力，要勇敢战斗，完成党交给我们的任务！"

他慷慨激昂地号召："革命士兵兄弟们！在国民党反动派的残酷统治下，革命士兵除了和工人、农民一道，高举革命旗帜，拿起武器和敌人拼个死活外，是没有路可走的。起来吧！广州苏维埃万岁！无产阶级革命成功万岁！"

没有口号声，但被热血烧红的一张张脸作出了最嘹亮的响应。

"我们行动的口令是：'暴动、夺取政权'；明天是'赤化、土地革命'，13日是'肃清、巩固广州'。"张太雷宣布："现在时间紧张，请党代表恽代英同志讲话。"

队伍里又掀起一阵感情的涌浪。恽代英是教导团官兵的老首长，他以睿智的思想、犀利的口才和醇厚朴实的作风而深得爱戴。他原就患有肺病，如今显得更加消瘦。

恽代英面带笑意而口气坚决地说："士兵们，同学们，我离开你们好几个月了，很想念你们。我知道你们每个人的胸中都埋藏着对国民党反动派的无穷怒火。在九江、韶关，反动派一次再一次缴你们的械，这回我们要举起枪杆，报仇！暴动！跟反动派算账，讨回血债！"

最后是叶挺讲话。像以往一样，他的话干练、扼要，字字斩钉截铁："反动派不让我们革命，而且肆意屠杀我们，就是因为我们没有武器，没有政权。这次起义，我们要夺取武装，夺取政权！"

他以军事总指挥的身份宣布："现在开始行动！各营各连进攻目标按预定计划执行，依路程远近，分途出发。"

4标营门口三声炮响，耀眼的信号弹升上了夜空。各营、连、排都打出了红旗，齐刷刷地从腰间抽出刺刀，装在枪管上。几十辆汽车的隆隆马达声震得地皮发颤。

11日凌晨3时30分，整个广州城像一头怒狮暴跳起来了！

看到4标营方向升起信号弹，敢死队立即冲出第一公园，率先向公安局扑去。隐藏在龙藏街大邱书院的赤卫队员也兵分两路，一路由四牌楼向北，经惠爱路冲到维新路北口；一路经惠福路冲到维新路南口，对公安局形成钳形围攻。冲在前面的喊着："冲呀！""杀呀！"后面的呼着口号一个劲地往前拥。公安局周围的桂香街、南朝街、西湖路、教育路等街道一下子都挤满了人。人们挥舞着梭镖、木棍、铁锤、斧头、短剑，高呼革命口号，高唱《国际歌》，拼了命地往前冲。公安局就像一座在狂风巨浪袭击中飘摇欲坠的孤岛。

敌人醒过神来，公安局门口的两挺机枪哒哒哒地响了，冲在前面的赤卫队员应声倒地。公安局内的铁甲车也开到马路中间，喷吐火舌；围墙内高处掩体上也射出了子弹。一时间，维新路的路面上弹雨飞迸，火光爆闪，枪声和手榴弹的爆炸声混成一片，硝烟刺鼻的气味四处弥漫。进攻的潮水退了回来。

敢死队和第一联队的赤卫队员退到明星戏院附近，依托戏院门前和沿街骑楼的廊柱与敌人对射。公安局对面的保安队仍然不见动静，公安局的围墙下就成了敌人射击的死角。王春和黄寿领着敢死队，贴墙根摸了上去。门前敌人的机枪像发了疯似的吼叫。硬冲不行，就爬墙进去，从里面打掉敌人的火力。一个个队员人踏人地上了墙头，顾不上栽在墙头的玻璃刺扎，纷纷向里投掷土造手榴弹，炸得院内地动山摇，烟火冲天。敌人掩体里的火力转向了墙头。有人从墙头上栽倒下来。爬上墙头的人越来越多，中弹跌落的人也越来越多。

就在这紧要关头，徐光英和叶镛带领教导团第1营赶到了。急促锋利的冲锋号声指挥着机枪、步枪和手榴弹向敌人倾泻出仇恨的烈焰，这愤怒的声音同人们的呐喊声混在一起，像山洪暴发一样惊天动地。士兵们向公安局发起了进攻，他们有的沿墙根向大门进逼，有的爬上墙头往里扔手榴弹，有的在马路上匍匐前进；前面的人牺牲了，后面的人就用胸脯贴着烈士的鲜血继续前进。

铁甲车摇起了白旗。这时，一直沉寂的保安队葵楼上的机枪开火了。它的枪口不是朝向暴动的队伍，而是朝向它对面的公安局大门。暴动一开始，潜伏在保安队的地下党员卢瑞球、姚鸿儒便击毙保安队队长李作明，迫使保安队缴械投降。在公安局顽抗的敌人被这突如其来的打击搞蒙了。教导团的士兵见状，迅速冲了上去，摧毁了敌人的重机枪，杀进了公安局。敢死队和教导团的士兵也以手榴弹开路，从大门西侧围墙跳入院内。

王若冰领着一班人闯入办公楼。二楼没有人，到了三楼也不见人，推开窗子，正好看见后院有二三十个黑狗正向办公楼跑来。"手榴弹，快！"王若冰一声令下，手榴弹从窗口像冰雹似的倾泻下去。黑狗们七倒八歪地躺下一片，没倒下的鬼哭狼嚎地四处奔散，守在楼门口的教导团士兵冲过去，缴了他们的枪。

众多赤卫队员拥向监狱。他们用铁锤狠砸铁锁、窗栅，抡起十字镐在墙上挖洞；急性的上了房，揭开瓦放下绳索。800多名饱经折磨的政治犯被解救出来了。他们中的许多人是共产党员、革命工会骨干和黄埔军校学生。他们的头发又长又脏，破衣烂衫，身上伤痕累累，有的被打坏了腰椎和腿骨。他们砸断了脚镣，汇入了起义军的队伍。

军械仓库也被砸开了。四五百支步枪和大量的子弹、手榴弹被搬到院子里。赤卫队员们扔下木棍等原始武器，拥上去争领枪支。刚从监狱里出来的人们也领到了武器，系上红布带加入战斗的行列。

公安局内外已是一片胜利的沸腾之声。握手，拥抱，欢呼，抛掷帽子，有的人被高高地抬了起来。远远近近的枪声、爆炸声、呐喊声，汇成了排山倒海的气势。广州的天空在熊熊燃烧，接着，几乎所有的人都唱起了《国际歌》。

此夜，陈公博未回他在东山的寓所，而是跑到广九铁路附近的葵园去住。他上床不久，就听到北面传来枪声，继而像爆豆似的响成一片。陈公博大惊，急忙打电话找黄琪翔，但电话不通。

几乎是在同时，同在东山黄琪翔住宅的张、黄两人都接到了紧急电话。张发奎接到的电话是："北校场教导团驻地有枪声发作，情况尚不明。"黄琪翔则接到报告说："广九车站一带发现枪声，大概是共产党搞暴动。"张发奎顿足高嚷："不得了！不得了！北校场教导团反了！反了！"

因听闻共产党要于12月12日组织暴动，他们已下令往广州调兵，并收缴教导团的枪械，但他们没想到暴动会提前。突如其来的情势，使他们慌了手脚。

张发奎和黄琪翔急忙跑到二沙头颐养园，找到财政厅厅长邹敏初，由他从水上游艺会借一艘小艇，一同往河南找李福林搬兵。

暴动打响后，叶挺亲自指挥教导团主力进攻驻在沙河镇的敌步兵团和驻燕塘的敌炮兵团。

这一路从军事角度讲至关重要。一者，沙河是东北方向进入市区的交通咽喉，也是广州通往海陆丰苏区的必经之地；再者，炮兵团有一批威力强大的山炮、野炮和重迫击炮，如缴获过来，能极大地提高起义部队的攻击力，反之将是极大的威胁。

团长李云鹏率第2营和炮兵连第1排跑步东进。将到沙河镇时，叶挺跃上路边的斜坡，压低声音激励部队说："赶快，赶快，天快亮了！"

到了敌步兵团驻地，官兵们以霹雳雷火之势，一阵猛打猛冲，迅速占领了有利位置。敌人未来得及反抗，就被打成了一摊稀泥，黑地里满是号啕之声，只十多分钟，就结束了战斗，俘敌600余人，并缴获了一批武器。

拿下了敌步兵团，叶挺即又指挥部队直捣燕塘敌炮兵团。

接近敌炮兵团营地附近时，敌人正吹响紧急集合号。教导团炮兵连连长李竹修率尖兵冲到营门口，命门卫缴枪，见门卫欲端枪反抗，他抬手便打。就在这一刹那，李竹修的手枪卡壳了，而敌卫兵的枪响了，李竹修中弹牺牲。营门随即被敌人的火力封锁。教导团部队迅即散开，将敌炮兵团包围，组织力量用手榴弹开路，高喊着"缴枪不杀""打倒新军阀张发奎"，向营门发起猛烈的进攻。

营区内大乱，守在营门的特务连和平射炮连也被打得溃不成军。混乱中不知谁喊了一声："老乡，别打啦，缴枪喽——"反抗的枪声渐渐停止，剩下的就是"我们缴枪"的喊声。

　　战斗结束后，叶挺命令李云鹏留下5连看守俘虏，并向广汕公路方向警戒；缴获的大炮清点后，由炮兵连押解进城，听候调用，并派了一个叫梁大浦的朝鲜人负责炮团的技术指导，此人曾在莫斯科留学，是一个有名的炮兵专家。布置完毕，叶挺又对燕塘周围的地形作了一番巡察，然后乘车去维新路公安局。

　　当沙河与燕塘的1000余名俘虏集合在大操场时，天已破晓。敌炮兵团的一些下级军官原是武汉军校的学生，见到教导团的熟人，苦笑着点头打招呼。俘虏们主动要求协助起义部队打扫战场，他们从马棚里牵出牲口，套上炮车，共拉出山炮30门、野炮4门、重迫击炮数门，此外，还缴获了一批步枪和弹药。

　　教导团押着炮车和俘虏向广州开拔了。沿途围过来的男女老少激动地鼓掌，拼命地呼喊革命口号。到了市区，炮车被围得水泄不通，官兵们的脸上都洋溢着胜利的表情。

　　按照张太雷、叶挺等部署的暴动计划，分途攻袭各路目标的队伍纷纷奏捷。

　　2营6连和炮兵连一个排向南横扫。炮兵排攻打国民党省党部和一个警察分署，这场战斗一枪未放，只是告诉从梦中吓醒的官老爷和黑狗们，他们现在的身份已经是俘虏了。6连再往南奔袭广九车站，接近广九车站时，驻扎在这里的保安队和英军各一个中队已做好准备，遂爆发激烈的战斗。久攻不下，6连便向炮兵求援。正经过黄花岗向市区开进的炮队随即派来了一门山炮，这门山炮不负众望，只打了3炮，就有1炮轰塌了车站一面墙壁，吓得敌人慌忙钻进铁甲车向石龙方向逃跑。

　　教导团第3营的任务是进攻位于城北的省长公署，然后占领观音山。守备省长公署的敌人不多，他们关上铁门，倚窗持枪像是要战斗的样子。3营喊了声"缴枪不杀"，枪就从窗子里扔了出来，门也打开了。3营随即冲向观音山。

　　警卫团的任务是攻打位于南堤肇庆会馆的第四军军部、仰忠街的军械库和文德路第十二师留守处。等到4标营发出信号，团长梁秉枢当即宣布起义。团参谋长是个反动军官，见势不妙，拿起电话想给军部告密，话还没有说出口，就被陶铸夺过电话，就地处决；10连连长黄霖等几个反动分子也被处决了。驻守观音山的第1营营长张强光抗命，梁秉枢决定亲自前往处理，命陶铸继任参谋长，率部攻打。梁秉枢赶到观音山1营营区门口，被门卫击成重伤。双方激烈交火，未几，教导团3营赶到，会同警卫团起义部队攻占了观音山，控制了全市的制高点。

随后，3营一部又折回城南驰援攻打第四军军部和军械库的警卫团部队。

十五、建立红色政权

公安局大门前悬挂起"广州苏维埃政府"的红布横额，一面闪烁着镰刀锤子的大红旗在办公楼顶端迎风飘扬，聚拢到这里的人们沉浸在一片欢乐、兴奋的气氛中。

张太雷、叶挺、恽代英、黄平、周文雍、吴毅、杨殷、陈郁、聂荣臻、黄锦辉、徐光英等人陆续来到这里，他们都戴着红领带；共产国际代表纽曼也来了。

12月11日凌晨6时，在中楼楼下的会议室里，张太雷主持了广州苏维埃政府和工农兵执委代表第一次联席会议。

会议开始了，张太雷站了起来，庄严地宣布："广州苏维埃政府诞生了！"30多位与会者报以热烈的掌声。

张太雷接着说："同志们！广州苏维埃政府的诞生，可以说是受了光辉的俄国十月革命的影响。现在，全世界的工人革命运动像浪潮一般汹涌澎湃，蓬勃发展。英国几十万工人罢工，中国的省港大罢工，都对世界革命产生了极大的影响！"

他说："工人阶级的力量在一天天壮大，帝国主义的力量在一天天削弱。英美争夺海上霸权，矛盾在加剧。这正是我们起来革命的好时势！"

张太雷最后说："中国工人阶级处在几重压迫之下，身受的痛苦太多太重了！今天要挣脱枷锁，砸碎镣铐，扬眉吐气，抬头做人，做新社会的主人！同志们，我们开始了！"

早晨的阳光透进了会议厅。

随后，会议一致通过了广州苏维埃政府领导人名单，并决定以广州苏维埃政府主席苏兆征、人民陆海军委员张太雷、人民内务委员黄平、工农红军总司令叶挺的名义发布《广州苏维埃宣言》。《宣言》指出：

> 广州一切政权属于工人、农民、兵士。苏维埃的武力：组织三个军，第一军由赤卫队扩大组织而成；第二军是海陆丰的农民自卫军；第三军是以教导团作中心，加上许多走到工农革命方面的军士组织而成。为保护苏维埃，一切工人、农民、兵士及下级革命军官应该到红军中去反抗帝国主义、军阀及反革命派。在最近几天至少应该组织5万红军，我们所有的战利品可以武装我们的红军。应该一点都不怕怜惜地消灭一切反革命；应该即刻给工人8小时工作制；没收一切大资本家的公馆、洋楼做工人的寄宿舍；苏维埃政府应该维持失业工人的生活，维持并增加省港罢工工人原有的利益和权力；只有中华全国总工会与其所属的工会才有一切自由的行动，什么国民党自称的革命工人联合会等应该即刻封闭；禁止国民党的活动，其一切组织应即取消……
>
> 工人、农民、兵士同志们！我们在广州有伟大的胜利，但我们的工作尚未完成，而且到处还有很大的危险。我们应该用我们最后一点的热血，保障广州苏维埃的政权，我们应该解放全广东和全中国的被压迫民众……

《宣言》最后的口号是：

打倒蒋介石、汪精卫、张发奎、李济深、朱晖日！

杀死一切压迫人的人！

打倒国际帝国主义！

工人、农民革命万岁！

中国共产党万岁！共产国际万岁！

工农兵代表会（苏维埃）万岁！

朱晖日的办公室被重新布置了一番，昔日那些丑恶、肮脏的威严、法度和傲慢，统统被当做垃圾清除掉；还有其他的办公室，它们被改变了性质，迎接新的主人。

广州苏维埃政府的会议室、办公室和工人赤卫队设在中楼，工农红军总指挥部设在北楼，南楼是苏维埃警卫连连部及发放宣传品的地方。苏维埃政府成立了一系列机构：肃清反革命委员会、劳动委员会、军事委员会、教育委员会和司法委员会；还组建了财政处、秘书处、红军编导处，以及粮食队、救护队、宣传队、交通队和运输队。

中共广州市委设在明星戏院，广州工代会设在学宫街渭滨书院。

受压迫、受奴役的人们挺直了腰杆儿。

公安局门前一片欢腾。缴获敌人的枪械从各处一车车运来，众多的赤卫队员和老百姓在争领枪支。从维新路到惠爱路，排列着卡车、马匹、小汽车、粮食等战利品。地上有血迹和鞭炮的碎屑。穿着破衣烂衫的农民自卫军到了。烈士的遗体被轻轻地抬到汽车上。一批批俘虏沮丧地坐在街道两侧。小孩子们把三角小红旗插在衣领后，像戏曲舞台上的将军有板有眼地练着把式。手腕上还戴着断镣、脸黑得像煤矿工人的"政治犯"与寻来的亲属抱头痛哭。登记赤卫队名册和领取银元的地方人头攒动。街道上方拉起了横标，墙壁刷上了革命标语。满街的人沸腾起来，押解炮车的队伍到了。人们在脖子上都系上了红领带。人群中忽地骚动起来，挑担子的、提篮子的送来了香气四溢的红烧肉和白米饭。赤卫队的大小负责人、交通员川流不息，有的来报喜，有的来报急。改作宣传用的铁甲车开过来了，宣传队员站在上面敲锣打鼓，散发传单，拿着纸糊的喇叭高呼口号。接着，更多的人唱起来：

> 工农联合起来向前进，
> 我们起来！
> 工农联合起来向前进，
> 杀绝敌人！
> 我们前进，我们奋斗；
> 我们暴动，我们胜利！
> 推翻那帝国主义走狗国民党统治，
> 一切权力归于我们工人农民兵士！

一曲唱罢，人们鼓掌，欢呼。

"苏维埃万岁！"

"广州苏维埃政府万岁！"

叶剑英穿过嘈杂的人群，走向公安局。他今天没穿军装，而是身穿工人服，戴一顶鸭舌帽。

凌晨时，他接到第四军军部的电话，电话中说："广州有人暴动了！"叶剑英克制住兴奋的心情，沉静地说："教导团派两个连去对付嘛。"对方急火火地说："暴动的就是教导团！"放下电话，他便到地下交通员李运全家换上一身早已准备好的工人服装。

到了公安局门口，正在卡车旁发枪的黄平看到了他。黄平当即领他进了办公楼。在军事指挥部里，叶挺正聚精会神地伏在一张广州市地图上，用红蓝铅笔画着符号，徐光英、聂荣臻、黄锦辉站在一旁。

见到叶剑英，大家热烈地握手，他已被任命为军事副总指挥。

叶剑英轻捶叶挺一拳，埋怨道："这么大的事怎么不通知我呀！"

叶挺笑了一下："我也是几个钟头前才知道的，怎么能通知到你呀！"

叶挺把地图推到叶剑英面前，准备向他介绍整个局势。这时，通信员送来了一份传单《广州苏维埃革命纪实》，上面写道：

工农兵联合的革命势力，经过一次英勇的斗争，夺取了广州的政权。大部分留守广州的兵士，在红军指导下，造成这次大暴动。12月11日晨4时，五千工人赤卫队，占据公安局，缴了公安局保安队的械，释放了一切革命的政治犯。随即由一队队的兵士、一营营的赤卫队，用手枪、炸弹、长枪等占据了一切反动政府的机关；许多革命军队，占据了广州一切军事要隘。现在我们已经占据了第四军军部、广州卫戍司令部、公安局、省政府、邮政厅、军事厅、国民党省党部、电话电报局、电灯局、邮政局、中央银行，及粤汉、广三、广九三个车站，其他要项机关，尚在肃清中。市上发现用红纸红布书写之种种标语，"工人要饭吃，农民要田耕，大家要太平，谁给予我们，唯有工农兵苏维埃！"

这个传单显然是事先写好的。

"说得太乐观了一点儿，第四军军部等处现在还没有打下来嘛。"叶挺沉吟片刻，舒展开眉头对叶剑英说："你看，这就是一夜发生的变化。工人兄弟的功劳可不小啊！"

叶剑英连连点头称是。

叶挺将地图挂到墙上。地图上的红圈不断增加，各路赤卫队的胜利消息仍然是纷至沓来。

天字码头对面汽车工会、西瓜园国民汽车公司前响起惊天动地的轰鸣，几十辆汽车全部开足了马力，呼啸着驰抵4标营，载上教导团的官兵，又驰返市区。

"金山"号轮船上的何振武等人在右臂上缠起红布条，扑向各通道楼梯口，不放走一个有可能给敌人通风报信的人，急得英国老板敲响报警钟，大嚷大叫。

徐向前率领赤卫队员们冲上去了，陈功武率领赤卫队员们冲上去了……密密麻麻的人群汇成了狂飙，扫荡着一个个的警察分署。

曾伟赞带领赤卫队员们冲出将军庙，直扑粤汉车站。在水塔附近的铁路工会小楼扑了个空，又扑向如意坊附近的路局大楼。敌人倚窗射击，手持长矛大刀的赤卫队便发起了攻心战："喂——路警兄弟，你们被包围啦——缴枪不杀！"警长朱荣升回话了："各位工人兄弟，高抬手，请曾车长上来答句话。"曾伟赞高视阔步地单刀赴会，朱荣升哈腰说："曾车长，小弟不知是纠察队的兄弟回来，误会，误会。"曾伟赞说："废话少说，快把人集合起来！"朱荣升转身命令铁警们站好队，听曾伟赞训话。曾伟赞带人接管了火车站。

攻打石围塘火车站的第六联队和南海县农军，在赵自选、周侠生等人率领下，从大小窝、水蛇围、荔枝基等处围攻过来。石围塘车站位于白鹅潭西南岸，是从西南方向出入广州的要地，驻扎着李福林军、路警和机器工会的500余人。在暴动队伍夹击下，几路敌人溃不成军，有的被击毙，有的束手被俘，有的登船逃跑。两支暴动队伍在火车站胜利会师。

花县农军经过几个小时急行军赶至市区，一举攻下省政府，抓捕了血债累累的省政府议员、花县大恶霸地主冼少甫并就地正法。

天亮时，拿下预定目标的赤卫队有的去公安局领受新任务，有的直接奔向枪声密集的长堤方向增援。

十六、扩大战果

与院子里及院外街道上的沸腾场面不同，工农红军总指挥部里是一派紧张而冷峻的气氛。军事指挥员们在紧张地研究局势，指挥各路暴动队伍向纵深推进，以扩大战果。

叶挺一手执电话，一手用红蓝铅笔在地图上比画着。他放下电话，敲敲地图，扫了周围的人一眼。大家凑拢过去。从地图上标示的情况看，敌第四军军部、军械处、新编第二师第三团团部等处仍未攻克。叶挺在第四军军部的位置上又重重地画了个蓝圈。

第四军军部所在的肇庆会馆是一座坚固的钢筋混凝土楼房，背倚珠江，易守难攻，铁栅门外及附近建筑物上也筑了工事，街道要口也设置了路障。而且，卫队每人都携有手提式自动枪，武器精良。门前大街上还停着一辆铁甲车。由于从4标营等方向听到枪声，卫队已在窗口和阳台上戒备，警卫团一到，便被猛烈的火力压住，造成了一批伤亡，身先士卒的9连连长王如壮烈牺牲。不久，教导团3营赶到，但队伍尚未展开，铁甲车就开着重机枪迎头冲上来，9连伤亡甚大。起义部队于是改从城隍庙、致美斋一带侧攻，依仗街道两侧的廊柱和楼房窗子与敌人对射。手车夫冒着弹雨呼呼啦啦送来了装满沙包的手车，作为活动掩体。

已经发起四五次冲锋了。敌人的步枪、机枪子弹像夏天的暴雨倾泻在马路上，掀起一阵阵灰沙。珠江的树木被削得只剩下树干。战士们前仆后继，浴血拼杀，阵亡人数在增加。

红军指挥部决心吃掉这个顽固的据点。

叶剑英对第四军情况和广州地理情况比较熟悉。他命令李运全设法与第四军军部联系，要他在四军当副官的堂弟叶简修迅速行动，组织已争取过来的人从内部策应，最低限度也要退出来，以瓦解敌人的军心。又命令炮兵连长唐虞率人到观音山，先解决叛变的警卫团第2连，再在山上架炮，轰击第四军军部。

叶挺也命令梁大浦率炮兵轰击尚未攻下的十二师留守处和挨着它的李济深公馆。叶挺嘱咐说："你们开炮时，可不要损及附近的房子。"

他还督促曾干庭加快收编俘虏，命何振武到东校场军械库搬运武器，安排救治警卫团团长梁秉枢，下手令向商人征粮……叶挺冷静、果断地处理着繁杂的事务。纽曼说，他打算向海参崴发个电报，通报广州暴动情况。叶挺一笑，即命李云鹏领纽曼去已占领的电报局。

其间，叶挺与徐光英还驱车到市区各处巡察。叶剑英去维新路指挥教导团士兵布防，后又去文德路城隍庙等处指挥作战。

叶挺来到第四军医院时，军医处处长贺诚正在组织救治送下来的伤员。一些女学生见到伤员血肉模糊的伤口，双手哆嗦得不听使唤。叶挺鼓励她们沉住气，说经过锻炼就不怕了。叶挺看到受伤的警卫团团长梁秉枢，关切地询问他负伤经过，嘱咐贺诚把他送到安全的地方去，正在进行激烈战斗的军械库离这里太近。

暴动队伍继续在沿珠江的南岸一线艰难地扩大着战果。

"南堤小憩"背临珠江，面向交通要道，是国民党军吃喝嫖赌、消闲寻乐的地方。时近中午仍久攻不下，这地方也只能继续强攻。汽车司机罗炳等人琢磨出一个硬攻的高招。他们找来一辆大货车，用沙包在车上构筑了工事，上去十几个人，在尾部朝后架起3挺机枪，还带上几十颗手榴弹。罗炳发动了汽车，慢慢倒至丁字路口，拐过弯猛地一踩油门，汽车倒退着向敌人据点疾冲而去。车上的3挺机枪抖动着喷出仇恨的烈焰。教导团的士兵和赤卫队员在马路两侧跟进。敌人疯了，车上的沙包被打得噗噗直响，车上有人中弹。"消灭这群王八蛋！"罗炳怒火中烧，把稳方向盘向敌据点逼近。近了，又近了，还有二十来米了，车上的人拼尽全力把手榴弹砸过去。敌人的机枪哑了，楼里楼外浓烟滚滚。这时不知从哪儿涌出那么多人，像海潮一样扑向敌人据点。也许是敌人发信号求救了，一艘外国军舰靠过来接走了残兵败将。

中央银行大楼位于长堤大街的北面，身后是挤在一起的民房，左右两侧是店铺，只有南面临街。教导团无屏障可据，只能背朝江面，伏在岸边与敌人对射。战斗成胶着状态。沈青带着赤卫队闻讯赶到后，挥舞着缴获来的指挥刀喊道："马上找沙包、木桶做障碍物，快！快！"米店的工友飞快地回去背来几捆麻袋，到电报局后面的铁塔下面装满泥沙。石喜和冯苏找来几部手推车，把沙包堆上去。教导团的士兵就仗着这种土"坦克"发起了新的进攻。土"坦克"越来越多，很快达至100多辆，进攻场面十分壮观，敌人被炮兵打得缩起脑袋。起义部队终于将中央银行攻克。

敌十二师留守处与李济深公馆相邻，守敌以机枪守大门，并在楼顶拼命扔手榴弹，用密集火力封锁了狭窄的街道。教导团的士兵抱着枪在弹雨硝烟中一路翻滚向前，接近大门时猛然翻身而起射击强攻。由于完全暴露在敌人的火网下，不少人壮烈牺牲。

梁大浦带人把一门山炮和5发炮弹拉到城隍庙。据目测，他对只炮击李公馆和十二师留守处而不累及民房感到没把握，去电报局发报经过这里的纽曼说："别管其他的房子，开炮！"

梁大浦不愧是炮兵专家，第一炮就击中了李公馆的顶楼，第二炮打偏，第三炮击中了十二师的三楼。

守敌惊恐万状，纷纷往楼下跑。但教导团进攻部队因使用了汽油喷射器，燃着了周围的建筑物，无法穿过火网攻进去。敌人怕火势蔓延至不远处的第四军军械库，使库存的迫击炮弹发生爆炸，军心极度动摇。留守处主任黄春和下令开门投降，自己化装成难民，携带师部保险柜中20万元港币潜逃。

唐虞率领的炮连一部胁迫叛军警卫团第2连缴械投降后，即把大炮拉上观音山山顶，炮口对准长堤方向。从山上俯瞰全城，房屋鳞次栉比，辨别不出哪座楼是第四军军部，就找来一个赤卫队员，经他指点，炮手精确地测定了射击距离。

轰！第四军军部的楼顶被炮弹命中，整个大楼连带周围的地面像受寒的牙齿颤颤地叩响。教导团、警卫团、工人赤卫队军心大振，纷纷跃起冲锋，呐喊声和冲锋号声震天撼地。铁甲车里的敌人弃车而逃，用来构筑工事的米袋被打得白米四泻。见大势已去，困守第四军军部的敌人在窗口摇起了白旗。

十七、保卫苏维埃

12月11日上午，张太雷的办公室里人来人往。他面带微笑地听取每个人的陈述，哪怕是几个人同时开口。他机敏过人，耳听、口答、手写，迅速而从容地处理着繁杂的事务。昼夜不眠的紧张工作，使他的脸上挂着倦色，但他仍然是那样情绪饱满，精力充沛。他甚至脱去了外衣和绒线背心，只穿着一件白衬衫。

张太雷在《广州苏维埃政府告民众书》上改动了几处，让赖先声拿去印发。文告号召一切工农兵到红军方面来，立即武装起来，"誓死保卫我们的政权"。

苏维埃政府的机关报——《红旗日报》又送到了张太雷的案头。

广东省委也发表了《中国共产党告工人农民书》，指出：虽然"白色恐怖的青天白日旗已经被撕破"了，但是"你们亦一定要记住，军阀、豪绅、地主、资本家的势力，还潜伏在广州以内，还包围在广州的四周，要巩固目前的胜利，你们还一定要继续努力奋斗！""你们要将一切零碎斗争的力量集合起来，用一百二十分的努力继续奋斗，以巩固自己苏维埃的政权"。

此外，中国共产主义青年团广东省委还发表了《告青年兵士、警察及保安队书》，文告说："兄弟们！同志们！你们的枪是保卫工农的，你们的枪头是向着反动军阀的，你们不要为了钱和军饷便替他们拼命。你们要为自己的政府——工农兵政府而奋斗！"

苏维埃政府诞生第一天的工作是繁琐零乱的，但它有一个中心，就是保卫和巩固新生的政权。除了继续打击敌人的军事力量外，其具体任务主要有两个：一个是肃清反革命，一个是组织、扩大革命的武装。

暴动总部——公安局门前的维新路上，轰鸣的汽车声不断，成队的卡车先后运来大约8000支枪，还有许多手榴弹和炸弹，运到后即一发而空。领到枪的赤卫队员、学生和市郊赶来的农民，有的立即投入战斗，大部分被带往各处进行编训，因为他们还不知道怎样打枪。

公安局对面的保安队操场上挤满了人，每个人手里都有枪或手榴弹。

总指挥部的代表讲完话后，即由教导团的官兵登记、编组、补发红领带、指定小队长和中队长。省港罢工工人、海员、码头苦力，榨油、金属、印刷、酒米、估衣、酒楼、编织等各业人员，修鞋匠和杀猪卖肉的，赤着脚的农军，大都按各自的行业拢到一起。编完组，便由教导团官兵教练上子弹、瞄准和射击，对领到手榴弹和炸弹的则分头教如何拉弦、投掷和引爆。

编训工作很快就结束了。一队队武装起来的工人、农民被带到大门外的维新路上，有的立即开赴长堤，有的原地待命。他们一天之前还是任人宰割的奴隶，而现在已经当上了主人；手中的枪在一天之前还像毒蛇一样窥视着他们，而现在对准的却是毒蛇。有人扛着枪用力踏步，有人焦急地望着战斗的方向……

早晨的苏维埃政府会议开完后，肃反委员杨殷和司法委员陈郁就各司其职，布网抓捕反革命。铲除对象主要是作恶多端的清党委员，从乡下逃来的地主恶霸，警察、叛徒、改组委员等在"四一五"反革命政变以来负有血债的恶势力。现在其实是收网，任务在昨晚就已经布置了。

报仇雪恨的时候到了。政治大学等各校的冯兴华、郭曼果等七八个地下党团员既兴奋又焦急，他们聚集在长塘街的一间民居里激动地讨论了一夜，根据杨殷、陈郁的要求和平时掌握的情况，确定了十多名逮捕对象。暴动中，他们摸进一个警官家中，缴了他的一把左轮手枪。就凭这支破旧的左轮手枪和几根木棍，先后抓到了四五名血债累累的家伙。在押往维新路暴动总部的途中，围拢上来的赤卫队员个个都似严厉的法官，先是斥责其桩桩罪行，接着就激起了无法抑制的怒火，动手痛打。

罪恶昭著的反动派被群众自发地即捕即杀，还有一些送到总部后核准枪决，另有200多人被关进了曾经是关押共产党和革命群众的监狱，这中间包括从警卫团、炮兵团押解来的反动军官。

苏维埃政府印发了大量的传单和文告，其中一份题为《工人武装起来》的传单，内容如下：

广州已经是工人阶级的广州了，工人阶级要自己负起保卫广州的责任！

还有许多军阀、豪绅的残余势力正在窥视着，寻觅向广州进攻的机会，工人阶级要自己起来，抵抗这一切反动派的进攻！

工人们！武装起来，保卫广州苏维埃！

保卫广州苏维埃，便是保卫自己的政权，便是保卫自己的一切政治经济的权利！

不要失去这个武装的机会，不要让敌人侵犯苏维埃，不要让敌人侵犯你们自己。

工人们！武装起来！准备与一切侵犯苏维埃的敌人作战！

在张太雷的统一领导和指挥下，恽代英、周文雍、黄平、纽曼等每一位领导人都在忙着发枪、写文告、演讲、巡察、调集人员和食品，各尽其责地处理各项事务。一切都围绕着保卫和巩固苏维埃这个中心，各项工作显得热烈、繁忙。

按原定计划，工农兵拥护苏维埃政府大会将于午后2时在第一公园举行。

一些赤卫队员和学生陆续来到公园，准备前往会场的周文雍和吴毅也已走出了总部大门。这时，有个赤卫队员气喘吁吁地跑到周文雍面前，指着观音山的方向，气不连声地说："那边……敌人……打……打过来了！"

敌人已经冲到第一公园前面，向公安局发起了攻击。

闻知此讯，聂荣臻立即带领在总部的人员投入了战斗。他们搬出米袋筑起工事，架起机枪阻击敌人。

没等周文雍下令，赤卫队员们就不顾一切地冲上前去。呼叫声、喊杀声、爆炸声，混成一片。赤卫队员们个个都英勇无畏地往前冲。他们追打着退却的敌人，一直追到大元帅府。他们看到了观音山脚下大队的敌人。冲，红旗在头顶猛劲地挥舞着；冲，不顾一切，热血汇成的洪流带着天崩地裂的呐喊。

守卫长堤的一部分教导团战士赶到了，司号兵吹响了冲锋的号角。由于不期而至的这场战斗，拥护苏维埃政府大会只得改在次日中午举行……

"帝国主义军舰开炮啦！"在江北沿岸防守李福林的赤卫队和警卫团极为愤怒，但却没有重武器予以反击。适逢叶剑英副总指挥巡察到此，他截住一辆卡车，要司机传令教导团和炮团急速驰援长堤。

炮弹一发一发在离江岸不远的居民区爆炸，巨大的气浪把瓦片、断木掀到半空。在爆炸的间隙，可听见撕心裂肺的哭喊声。房屋倒塌，烈火熊熊，浓烟被急风压得贴在地面翻腾。

炮兵连和沙河炮兵团的一些士兵携带几门山炮赶到了，架好炮就放。但山炮是陆地炮，它的炮弹对军舰铁甲并没有什么破坏力，一连发了几十炮，敌舰却猖狂如故。

不一会儿，一门15厘米口径的重迫击炮也按照叶剑英的命令运到了。这门重迫击炮确实有威力，几发炮弹接连击中几艘敌舰的甲板，炸毁了指挥塔、炮塔和其他设备，水兵也有伤亡。敌舰们见势不妙，急忙驶往白鹅潭方向，在距重迫击炮射程之外的水域游弋，仍频频向天字码头一带猛烈轰击。

军械库的守敌铁了心拼死顽抗。第十二师留守处主任黄春和接到军部的电话，也重整旗鼓，命监护连士兵把库房中积存的货物全部搬出来，堆作掩体，并调整了火力，与军械库紧密呼应。

不甘失败的残敌四处放火，高第街、东堤、仰忠街一带火势冲天；有的敌人躲在暗处打冷枪。

珠江南岸机器总工会的敌人架起机枪，隔着江向中央银行门前不住地狂扫。

溃败的敌保安队300余人渡过白鹅潭，窜至葵蓬洲芳村警察署大楼盘踞，与在石围塘车站立足未稳的工农赤卫队形成对峙，并对南海、三水等地农军驰援广州的通道构成了威胁。

从暴动开始，革命的工人、农民、士兵、学生等，以迅雷不及掩耳之势，一举攻克了多个反动势力的堡垒、据点和驻地，把反动统治的军政机关冲击得七零八落。但是，在军事上的胜利是短暂而脆弱的。现在，张发奎、李福林的队伍，以及保安队、警察、工贼、地主民团，还有帝国主义势力，已经缓过劲来，开始联合向新生的苏维埃政权反扑了。

在总指挥部里，叶挺紧皱着眉头。从来自各方面的消息可以看出，暴动的准备工作很不充分，就连指挥部本身也是忙乱不堪。到现在为止，多数领导人还没有碰过头。他这个军事总指挥也因陷于琐碎事务中，无暇考虑和处理全局性重大问题。

叶挺与刚从火线返回的叶剑英冷静分析了形势，然后一起找到纽曼，建议将暴动队伍迅速拉到农村去。但这个建议当即就被纽曼否决。

"现在的局势很严重，下一步应该怎么办？"聂荣臻走过来说。他的心情也同样焦虑、沉重。

叶挺沉思不语。

聂荣臻接着说："工人作战固然勇敢；从监狱中出来的同志，有的甚至在紧张的战斗中累死了。但他们没有作战经验，好多人连枪都不会打。我们的队伍却只有一个团多一点儿，照此打下去，只能造成更多的伤亡。"

叶挺点点头，说："是啊，明天的局势会更加紧张，敌人的反扑可能会达到高潮，我们应该有所部署。"

他们一同来到张太雷办公室，建议立即召开会议，研究局势，制定对策。

张太雷同样是忙得不可开交。

经叶挺、聂荣臻多次催促，时至深夜12点，张太雷才得以抽身主持召开紧急会议。

几乎所有的人都一天没有吃东西，几乎所有的人眼中都布满血丝；但几乎所有的人都精神抖擞，几乎所有的人脸上都充溢着一种超越了个人生死才具有的神圣光泽和表情。

会上，大家对暴动第一天的形势很满意：只用了几个小时就攻下敌人几十个据点，俘敌2000余人，缴获大量武器，成立了苏维埃政府，取得了武装反抗国民党反动派统治的重大胜利。

对未来的形势也相当乐观：广州的工人有很强的战斗力，而海陆丰和全省工农的斗争正在高涨，加上粤桂军阀火并的格局不可逆转，广州暴动必将得到各地工农的响应，广州苏维埃政权将得到巩固，全省范围的大革命也指日可待。

一直沉默不语的叶挺发言了。他以一个军事家的才略和身经百战的经验，对局势作了深刻的分析。他肯定了胜利，也检讨了工作中存在的问题。他强调指出了目前局势的严重性：敌魁首出逃，必将率军反扑，加上帝国主义支持，将对我构成包围之势。我军经过一整天的苦战，损失很大，已转为守势。在此形势对我越来越不利之际，切不可麻痹大意，更不可盲目乐观，应当机立断地拿出应对措施。

叶挺沉吟片刻，以他惯有的略带冲动的口气，又一次提出了深思熟虑的建议："为了避免四面受敌，最好不要在广州坚持。趁敌人大军到来之前，用缴获的武器尽快武装参加暴动的工人，扩大队伍，明天就撤出广州，去海陆丰与彭湃会合，在农村坚持长期的革命斗争。"

副总指挥叶剑英和省军委委员黄锦辉表示赞同；聂荣臻也表示同意，他说："坚守广州看来是没有出路的，应当放弃广州，转移到乡下去，以避开敌人的锋芒，保存实力，再作打算。"

如果这个意见被采纳，对处于不利地位的暴动队伍将是一个转机。

"这不行，"纽曼发话了，"绝对不行！马克思主义武装暴动的原则就是进攻。我们要进攻，进攻，不停顿地进攻，绝对不能退却！"

作为共产国际代表，纽曼是暴动的指导者，几乎占据了领导核心的地位，他主观武断，又傲气十足；虽意志坚定，却不懂军事；一味地主张固守阵地，向敌人进攻。

他转向叶挺，挥动着拳头，言辞激烈地说："撤退，撤退！你这是在政治上动摇！你这是想去当土匪！"

叶挺又沉默了。他的两臂撑在桌沿上，两拳支撑着下颏，不再说一句话。

张太雷坚定地说："现在我们不要考虑失败，而是要去想胜利！"

"是的，"纽曼的口气像是在宣教，"我们要出其不意地袭击敌人，要坚持精神上的优势，勇敢地去夺取胜利！"

会议开到深夜两点多钟，决定以教导团为基础迅速扩建军队，并将战场推向郊外，发动和组织农民，以迎击敌人援兵；打通与海陆丰的联络道路；11日中午未开成的群众大会改在12日中午举行。

十八、反扑与激战

12月12日凌晨，一支队伍从广州南方向的鱼珠出发，在夜色中向西疾进。它是黄埔军校特务营。

黄埔军校位于广州东南20多公里的黄埔长洲岛。由于暴动事起仓促，通信、交通不便及敌人的阻断，这支队伍没有得到提前暴动的消息。

平日，军校前的江面很是热闹，从拂晓到中午，渡船总是川流不息。但11日的情况异常，空荡荡的江面上连一条小船也看不见，电话也不通。这引起了共产党员、特务营营长吴展和校长办公厅秘书王侃予的注意，也引起了教育长杨澍松的警觉。杨澍松要副官何崇校乘汽艇到驻广州办事处探知究竟。办事处主任一见面就说："教导团暴动了，后半夜枪声都打麻了。"

听何崇校讲完情况，王侃予、吴展蹙眉凝思。这时，传达长送来一封信，说杨澍松已乘电船去了虎门。他们走到窗前，遥见江面上有一艘吐着黑烟的黄绿色军舰向西而去。吴展终于作出了决定："我们赶紧去广州！"

当日下午5时，吴展、王侃予、宋湘涛率特务营及部分士官生渡江至北岸鱼珠，一举收拾了蟹山炮台的敌人。12日凌晨，这支500多人的队伍即沿着公路赶往广州。

黄埔军校特务营到达广州东北郊的瘦狗岭附近。吴展命令队伍在公路边的一片丘陵地休息整顿，并派人进城与指挥部联系。初曙的东方一层一层蜕去灰白的薄雾。担任警卫的排长跑过来报告：西南方向有黑点移动。大家都霍地站起来。吴展命令第2连迅速占领右前方一座高地，其他连队做好战斗准备。2连连长是朝鲜人崔庸健。

吴展举起望远镜望了望，挥手高呼："左边来的队伍是我们的工人和农民，大家千万不要打枪！"

这天凌晨，就在黄埔军校特务营自东面向广州运动时，西南郊的农军向敌人频频发起了进攻。

首先打响的是进攻葵蓬洲警察署的战斗。占领石围塘车站的工农赤卫队分为三路，从南塘、洞企石围和山村渡头向敌人扑去。从城里退守在这里的敌保安队显然有了准备，加上多挺机枪和坚固的大楼，使只在人数和勇敢精神上占有优势的赤卫队员伤亡惨重，久攻不下。

警察署大楼的西面和北面弹如雨下，声如雷鸣，而在它的东面却显得平静。东面是一座废弃了的木制造船大工棚，棚外是曲曲弯弯的偏街小巷。熟知情况的黄寿想从这里用火攻，于是，他和10多个队员跑到车站库房，抬出了四五罐煤油。他们深一步浅一步，摸黑跑向葵蓬洲。进了内街，拐了几个弯，摸了敌人的一个岗哨，就到了工棚。木棚被淋上煤油点着，大火轰地就抬起了棚顶，借着风势，队员们直扑警署大楼。

巨大的火势就像一面狂舞的旗帜，各路工农赤卫队奋力呐喊，拼死向前，打得敌人魂飞丧胆，有的从窗口跳江，有的冲开后门奔窜，中弹和溺水者众多。此战俘敌六七十，缴枪100余支，其中有机枪两挺。

周侠生率领农军又杀向大沥圩。

大沥圩是广三铁路以北的主要集市，拿下它，同芳村、西村、花地等处连成一片，就可以完全控制广三铁路沿线。

此时，另一路农军在原农运特派员谢颂雅带领下，正划着小船由龙溪向距大沥圩只有一箭之隔的滘口逼近。12月的五更天气寒流袭人，只穿单衣的农军都裹着稻草，一来可以御寒，二来可以伪装，在朦胧月色下远远望去，好像是运禾秆的小艇。

周侠生赶到，即以3响单发枪声发出信号。恰值谢颂雅抵岸，两路人马就像一把烧红的巨大铁钳，从东西两边直夹大沥圩。在这猛力的射击下，一个民团局的守敌立成钳下之物。

大沥圩竖起了两面红旗，一为犁头旗，一为锤子镰刀旗。农军在兴仁善堂设立了总指挥部。一批未及逃走的大恶霸被处决，四乡农民纷纷前来要求加入队伍。镇内镇外一片忙碌、欢腾的景象。一支经过挑选的精壮农军登上小火车，他们大多赤着脚，每人斜背一袋炒米，拿着大刀、禾权棍棒、长矛、火药鸟枪，也有少量较新式的七九步枪。这支队伍一路高呼口号，威武昂扬地开往石围塘。

万众一心的暴动队伍都很勇敢，但各自为战，不能形成全局的统一行动。相反的情形是，向来钩心斗角的反动力量这时却勾结在一起，形成了反扑的力量。

因日本海军陆战队在长堤登岸被工人赤卫队击退后，各国驻粤领事团紧急集会，决定调英军2000人、法军400人、日军300人，在沙面租界布防；还派出代表，面见第五军军长李福林说："全城百万生灵，已陷于赤色恐怖之中，如有相需渡河之处，则愿尽力帮助。"

李福林见张发奎站稳了脚跟，又得到帝国主义的支持，自然不甘放弃捞取政治筹码的机会。他命河南的两个团统统在脖颈上系上白布条，又遣人找来一块大白布，上写"主席张"三个粗隶黑字，挂到"宝璧"舰上。一大早，他就指挥两个团兵分两路，由机器工会工贼引领，在"宝璧"舰、"江大"舰的掩护下，东路由岭南大学渡江向猎德进攻，西路由河南戏院码头渡江，从正面强攻长堤西濠口一带。果然，英舰"摩轩"号、"莫丽翁"号，美舰"沙克拉明施"号，日舰"宇治"号均出动，掩护反动军队渡江。

在张发奎的严词催令下，驻黄埔、虎门、江门以及韶关等地敌军，先后驰援广州，于12日拂晓后陆续抵达，并向暴动队伍发起了攻击。驻韶关李福林军周定宽团乘火车抵达西村，即以一部向黄沙开进，准备进攻长堤；一部向观音山开进。驻江门的薛岳部两个团、李福林军潘枝团和驻虎门的许志锐部也乘拖轮往广州急赶。此外，还有黄埔的黄慕松团，佛山的林营、李营等，均先后抵达向广州反扑。韶关的李福林军陆满团也已出发。驻陈家祠的莫雄残部，也分兵向西门和观音山反扑。地主民团也聚集在河南沿岸，向北岸射击。

敌人对暴动队伍形成了夹攻之势。

小火车载着300名农军，呜呜地开进了石围塘车站。黄寿又领着其中一部分乘木船渡江至黄沙，直奔暴动总指挥部，一为报告情况，二为领取武器。

凌晨的会开完后，张太雷又投入了紧张的工作。他同恽代英拟写了一份通告，以省委秘书处的名义，指示省内各地党组织要广泛宣传广州暴动的意义，"积极领导工农群众起来暴动，向广州进展，保护广州暴动的胜利！"

搁下笔，张太雷站起来，在屋里走了两圈。他掏出怀表看看，对脸色白里透青的恽代英说："你睡个半点钟吧，一会儿我叫你。"

恽代英瘦弱的身体显得很疲惫。他打个呵欠，摘下眼镜揉揉双眼，又戴上，把手骨节捏出一串脆响，对张太雷笑笑，又拿起笔。

张太雷也摘下眼镜，捏了捏鼻梁，坐下，便也不再劝。

筹备中午的群众大会，起草给共产国际的电报稿，处理在新的一天战斗中将遇到的种种问题，他们有太多太多的事要做了。

李少棠端进两碗热气腾腾的米粥，一股温暖的粥香扑鼻而来。他们咕咕直叫的胃立刻作出了强烈的反应。粥放在桌上，李少棠又从腋窝里抽出一包饼干。张太雷说要多熬些粥和饭，给在前线作战的同志送去。

"你们放心吃吧，粥有的是，从公安局门前一直到西湖路口摆满了粥桶，还有从大堆栈中没收来的饼干、糖果。"李少棠说，"有些女工和学生装了一车食品，去长堤了。"

张太雷一听，笑了。

正说着，苏联"暴动专家"乌科洛夫进来，要求去中央银行看看。张太雷让他去找黄平，叫黄平领他去。乌科洛夫刚离开，赖先声来了，杨殷领着黄寿随后跟了进来。

互相打过招呼，张太雷把省委秘书处的通告交给赖先声说："把这个通告印好发出去，要快！《红旗日报》编得不错，第二号要赶快出！"

赖先声说："第二号准备出对开一张，首版刊载苏维埃政纲、命令等，其余各版是暴动的新闻，主要是战报和群众热烈参加暴动的新闻。"

张太雷和恽代英都说好。

杨殷把黄寿拉到张太雷面前，说："这是第六联队的中队长黄寿。他们昨天打下石围塘火车站，今天早晨又拿下了葵蓬洲警署，大沥圩也被我们攻占了。随小黄来了300多名农民兄弟，想要一些枪。"

张太雷用双手一把将黄寿握住，有力地摇着说："好，好！你们辛苦了，谢谢你们！公安局剩下的枪都是废旧不好用的，我再问问别处，看看还有没有缴获了没拉来的。"

黄寿说："昨晚在车站总机房，我们截获了敌人的长途电话，有几批敌人要在今天赶到广州。"

张太雷皱起眉头："我们已料到了，不想他们来得这样快。你们要坚守住车站，尽量多运农军到广州来。"

黄寿点头道："广三铁路沿线还没发现敌人。周侠生、陈道周和谢颂雅他们正在各区组织农军，今天估计会有更多的人来，我们的小火车一趟能载300人呢。"

杨殷说："形势会变得很复杂。你们那里联络不方便，要见机行动。"

张太雷沉思着说："要是能顶住三四天，主动权就能掌握在我们手里。"

沿着珠江的长堤上，是一派热烈而又肃杀的气氛。它的每个路口都悬挂着红布巨幅，墙壁上张贴着五颜六色的字条，革命的标语口号随处可见。

从东头的广九车站至西头的沙基口，临江沿岸筑起了许多工事，用灌满泥沙的麻袋、木桶、铁桶、木箱筑得相当坚固。

从早晨开始，守在西濠口岸垒的工人和士兵已击溃了李福林军的数次进攻。他们利用战斗的间隙，一边嚼着总部送来的饼干，一边加固着工事。

这时，有人高喊："李福林杂种又来了！"骤密的子弹追着喊声倾泻过来，打得沙袋喷出股股细烟土柱。

大家一下子扑到工事里，几十支步枪、还有两挺机枪响成一片，向敌人猛烈还击。

敌人驾着五六只汽艇，用机枪狂扫一通，很快又缩回了对岸的巢穴。

此时在城北的制高点观音山，暴动队伍也筑起了一道坚固的防线。

观音山的山脊上有一道古老的城墙；山顶上有一座高28米的镇海楼，俗称"五层楼"，为明代抗击倭寇而建造。早晨，在得到由韶关开来的敌军已迫近北郊的情况后，教导团第3营、工人赤卫队第一联队在饶寿柏和沈青的带领下，奉命前来扼守观音山。饱经沧桑的镇海楼已是一派破败之象，城墙也已倾倒颓残了。士兵和工人们就以镇海楼为中心，利用它东西两面的城墙筑起临时工事。

叶挺、叶剑英、聂荣臻、杨殷等指挥暴动队伍，在长堤一线接连击退强行渡江的敌军。但广州陷入敌之合围，已成定局。长堤请求增援，观音山请求增援，西门、猎德、东山等处均吃紧，苏维埃政府各机关要地也需要加强警戒，以对付伺机而动的潜伏与渗入之敌。起义指挥员们凭着对革命事业的信仰、忠诚和献身精神，沉着冷静机智地指挥，甚至亲临前线激励部队与敌人搏杀。

观音山打响后，叶挺、叶剑英命总指挥部副官陈赓速往督战，并率教导团、警卫团各一部抗敌；命徐向前率赤卫队跑步运送弹药，并据关守隘；又将南海、花县等地的农军组织起来，派往助战。

为了更多地调动农军的力量，叶挺又亲自拟写了两个命令：一是要周文雍"速即饬令农军到观音山、大北门一带警戒"；一是任命凌津为北江农军第一支队司令，要他率农军"在粤汉铁路沿途扰乱敌人后方及毁坏铁路"。为了瓦解和迟滞敌二十五师，他还让该师一位叫雷文渊的连长去运动该师七十五团倒戈。

中午时分，进攻观音山的敌之一股，绕过防线沿着吉祥路向起义军总部发起进攻。叶挺闻讯即赶到总部门前，镇定自若地站在用沙袋垒筑的工事后面，指挥守卫在这里的士兵将敌人击退。

十九、壮烈牺牲

周文雍的眼中布满了道道血丝。同其他领导人一样，两天来，沸腾的血液在他并不高大、但却精壮结实的躯体里一刻也没有平静过。编训队伍，鼓动演讲，火线巡察，调兵遣将，冲锋陷阵，他不分昼夜地忙碌着。由于在长期的工运中与工人结下了情同手足的感情，他干得是那么愉快，那么得心应手。

他出了张太雷的办公室，找到洋务工会的负责人、赤卫队大队长梁志国，要他马上去丰宁路西瓜园广场布置会场。"会场要尽量做得大些，来的人多。"周文雍说着，把一卷用崭新红布做的会标递给他。梁志国拍去手上的尘土，接过红布。周文雍又把拟就的大会标语交给赖先声，要他抄写张贴出去。标语口号共有三条：

打倒帝国主义！

工农兵起来拥护苏维埃政府！

赤色恐怖消灭白色恐怖！

梁志国已不是第一次布置会场了，但这一次非同寻常。他跑到丰宁路西瓜园，对着场地设计了一番，然后让洋务工会找几个人，同他去找搭建会场的材料。

一座政府办公大楼里遍地是弃置的破门扇、破镜子、衣架、碎玻璃、废报纸、断腿少面的桌凳；二楼也一样，没有什么东西可用来搭主席台。"鬼窝！"几个人抢起破条凳，把残存的玻璃窗、磨砂灯罩打个粉碎。灰土和霉腐味窒人鼻息。梁志国制止道："别打，这些东西都是我们的了。"打的人理直气壮："丢！哪个要这些烂家伙，我们做新的！"

终于找到一张大餐桌，几个人把它抬到西瓜园广场，摆在场地东头的中间；再找来几十张椅凳，又从一座破工棚上拆下两条长竹竿，把红布会标穿好、举起、拉开，用绳子把竹竿捆牢在餐桌的腿上。

"好耶！""胜利！""万岁！"已经来到会场的人们呼啦啦围拢过来，又是鼓掌又是欢呼，有人敲起舞狮鼓点，有人朝天鸣枪助势。梁志国看到了洒满阳光的会标：广州工农兵拥护苏维埃政府大会！

市内的街道上相当热闹。一队队的人举着红红绿绿的小旗，在工会会旗和锣鼓的引领下，向西瓜园汇聚。

时至11点，西瓜园广场上有了浓厚的大会气氛。由于准备仓促和战斗紧张，到会约有300多人。人数虽然不算多，但却有着充分的代表性。他们中间有赤卫队、农军、教导团、警卫团的代表，也有国民党海军和俘虏兵的代表，还有妇女代表、青年团员和青年学生、店员、小贩以及市民。他们无一例外地都系着红领带。广州的集会历来不少，所不同的是，这次集会不是为了支持许诺帮助自己的什么人，或什么党派、政府，而直接就是为了支持自己的主张，表达自己的愿望，拥护为自己做主的政党和政府，因此，会场里涌动着一种来自灵魂和内心深处、像《国际歌》里蕴含着的那种崇高的激情和力量。

主席台一侧居然还有一支军乐队，吹着大喇叭，敲着大洋鼓，煞是威风。

观音山和珠江边传来枪炮声，似乎也融进了庆祝的合奏。

一位鬓发斑白的老人在喧闹声中挤到台前，仰望着会标一个字一个字地念出了声。

"苏维埃就是俄国那个苏维埃？"也许是老人自己的耳朵有些背，他大声地问道。

"是的！苏维埃就是工农兵会议，苏维埃政府就是工农兵政府，不是国民党新军阀的政府啦！"回答的人就是张太雷，他来到了会场。

"啊啊！"老人布满皱纹的古铜色的脸上露出笑容，"是了，十年前俄国就兴了这个政府，我们老板就怕极了，如今轮到我们这里啦！"

张太雷微笑着点点头。

他同叶挺、恽代英、周文雍、陈郁、黄平、杨殷等领导人走到了主席台前。

周文雍摇摇铜铃，人群静了下来。军乐队奏起了雄壮激越的《国际歌》；奏毕，周文雍宣布大会开始，请张太雷同志讲话。

张太雷在雷鸣般的掌声中站了起来。他还是穿着那身草黄呢子军装，那宽阔明亮的前额，饱含智慧与忠诚的眼睛，深邃而激情四溢的气质，给人一种坚定有力、完全可以信赖的印象。他首先报告了当前的形势，举行暴动的过程和意义。他的声音虽不高，但却像磁石一样吸引了全场群众的注意力。

他提高了音量，慷慨激昂地宣布："广州苏维埃政府成立了！"

就像把珠江搬到了这里，热烈的掌声，翻飞的旗帜，掀起了滚滚排涛巨浪，欢呼着人民政权的诞生。

张太雷宣布了苏维埃政府的施政纲领。

首先是对全体劳动人民的政纲：一切政权归苏维埃——工农兵代表会议。打倒反革命的国民党，打倒各式军阀。保证劳动人民之集会、结社、言论、出版和罢工的绝对自由。

对工人的政纲是：实行8小时工作制。一切工人都增加工资，由政府照原薪金补贴失业工人。工人监督生产，政府保证工资。大工业、运输业、银行均收归国有。立刻恢复和扩大省港罢工工人的一切权利。承认中华全国总工会系统之下的工会为唯一合法的工会组织，解散一切反动工会。号召工人为无产阶级利益而帮助工农民主政府。

对农民的政纲是：一切土地收归国有，完全归农民耕种。镇压地主豪绅。销毁一切田契租约债券。各区各村立即成立工农民主政权。

对士兵的政纲是：国有土地分给兵士及失业人民耕种。各部队之中应组织兵士委员会。组织工农革命军。改善兵士生活，增加兵饷。

对一般劳苦贫民的政纲是：没收资产阶级的房屋给劳动民众居住。没收大资本家的财产救济贫民。取消劳动者一切捐税、债务和息金。没收当铺，将劳动人民的物资无价发还。

对外的政纲鲜明而响亮：联合苏联，打倒帝国主义。

张太雷每念一个文件，都要停一下，微笑着让群众相互议论一阵，然后他再作讲解。会场上一会儿悄然无声，一会儿又热烈欢呼，忘情鼓掌的，使劲点头的，放声喝彩的，热烈的场面充满了激情与活力。张太雷似乎也受到了感染，他抑制不住内心的激动越念声音越高亢，镜片后面的眼睛烧灼着兴奋的光焰。

张太雷还宣读了苏维埃政府委员的名单、给共产国际的电报等，都得到了大会的拥护和通过。

张太雷在热烈的掌声中讲完后，是各界代表上台讲话。

开会期间，四处的枪声和爆炸声一直响个不停。观音山方向枪声越来越剧烈了，好像已经翻过了山头，向市区蔓延。张太雷当机立断，宣布散会。

广州苏维埃政府的成立，得到了党中央和团中央的赞扬和支持。

党中央先后发表了告民众、告工人、告农民书和党内通告，高度评价广州苏维埃政府的成立，动员全党和全国民众给予支持与配合。

党中央指出：广东工人和农民的胜利，就是全国工人和农民胜利的开始；广东工人和农民得到的解放，就是全国工人和农民得到解放的开始。

党中央发出号召：全中国的工人、农民、兵士同志们！我们敌人的势力还有很多很多没有铲除，他们一定会勾结起来，一定会勾结帝国主义，来进攻革命的广东，他们正在各地死命地压迫剥削我们的工农、兵士、贫民。我们应当以全力来进攻反革命的势力——国民党军阀、豪绅、地主、资本家的势力。我们应当拥护革命的广东工农，我们一致拥护广州的工农兵代表政府——苏维埃政府，中国第一个真正民众的革命政府。

党中央要求全国党团组织实行一个宣传周，"尽可能利用种种方式，如集会、游行、文字标语、画报等等，把广州暴动的事实和意义向工农群众作一个普遍而深入的宣传，以唤起他们继广东而起的斗争。"

团中央也向全国工农兵及一切劳动青年发出公告，呼吁全国青年"赶快起来拥护中国第一个工农兵苏维埃，给广东兄弟们以精神和物质上的援助，举行总罢工，开会庆祝；加入中国共产主义青年团和革命的工会，组织工人、军队和敌人拼个你死我活！"

广州暴动和建立苏维埃政府的英雄壮举，对国际无产阶级解放运动是一个有力的鼓舞，并得到热情洋溢的肯定和声援。

苏联《真理报》发表了题为《工农的广州》的社论。社论欢呼："历史的飞速发展再一次粉碎了关于中国革命已'死亡'和'失败'的荒谬的机会主义预言！中国工农运动的伟大力量再次显示了出来：工人和农民已把铭刻着无数国民英雄业绩的广州占领了！"文章指出：这是"工农群众发动的第一次获得胜利的起义"，其力量的源泉是"劳动群众具有与中国人民的压迫者、剥削者、掠夺者和刽子手斗争到底的革命激情和决心"，"红色的工农广州万岁！"

设在莫斯科的赤色职工国际也发出了呐喊，呼吁各国工人"快来援助中国革命"；由于"中国的军阀、地主、买办、企业主、金融资本家、国民党右派，同日本、英国和法国的武装力量一道，将广东的工人和农民像铁桶一样紧紧包围了起来，以图将渴望民族解放和社会解放的劳苦大众的这次起义血腥镇压下去"，所以它呼吁："让我们建立起全世界劳动人民的统一战线，保卫我们的中国兄弟！大家都来援助广州工农政府！"

与此同时，对广州苏维埃政府的诞生，国内和国际反动势力恨得要死，怕得要命，必欲扼杀而后快。

西瓜园大会开着的时候，敌人正从四路围攻广州。进攻观音山的敌人已突破了部分防线，向市区渗透。张太雷宣布散会后，领导人即乘车回公安局，指挥抗击敌人的反扑。与会的士兵和赤卫队员也分赴观音山和长堤等处增援。

参加大会的农民也纷纷请缨作战。枪支不足，就组织敢死队，把有限的枪支配给敢死队员。这些赤着泥脚、衣裳破烂的农民兄弟个个争着报名，他们都抱定了生为苏维埃而生、死为苏维埃而死的决心。敢死队队员举起攥紧的拳头，高呼："誓死保卫苏维埃！"然后，他们出发去了观音山。

一股敌军越过观音山冲入市区，扑袭公安局。徐向前奉命率领工人赤卫队冲往吉祥路，配合陈赓指挥的部队，与敌军激战。队员们有的举刀枪搏杀，有的冒弹雨运送弹药，个个勇敢向前。激战相持一阵，敌人往后退一程。几个回合下来，敌人终于被打得像炸窝的马蜂溃不成军。徐向前、陈赓挥动驳壳枪，领着队伍一举冲上了观音山，夺回失去的阵地。

不一会儿，敌人新一轮的进攻又开始了。机关枪子弹像飞蝗一般稠密地成片压过来。这次进攻从东西两头先打响，正面敌人随后发起强攻，火力格外猛烈，起义军被压得抬不起头。

敌人的机枪扫射了一阵，城墙北面小山岗上传来了冲杀声。"敌人上来了！拼啦！""打呀！"工事里立即喊成一片。机枪、三八大盖枪、土杂枪、七九式步枪、驳壳枪、老套筒、鸟铳，还有手榴弹、自制的炸药，交织成震天撼地的轰鸣。在这撕裂金属般的声响中，充满了喷着怒火的眼睛、扭曲得变形的面孔、颤抖的烧红的枪管、刚劲有力的跳跃、燃烧的头发和树枝、喷涌的热血、浓烈的硫黄味、灼烫的空气……汇聚成誓死保卫苏维埃的最强音。

张太雷、叶挺等从西瓜园乘车回到总部，饶寿柏比他们稍晚一步赶到。饶寿柏找到李云鹏就大发牢骚，呼哧呼哧地责问李云鹏为何不派援兵。李云鹏说敌人从四面围攻，部队都已派往各处扼守，总部现在除担任警卫的2营，已无兵可调。李云鹏说完，饶寿柏冷静了些，简明报告了观音山的危急形势，李云鹏急往总指挥部办公室。

观音山是俯瞰全城的制高点，且占有可进可退的地理位置，在目前战局告急的情况下，它的得失尤为重要。叶挺站在地图前凝思片刻，他已看好下一步棋该如何走了。经与叶剑英商议，他命令李云鹏立即带队增援观音山，尽全力确保阵地不失，李云鹏急调1营和炮兵连驰援，他自己也奔赴火线，同时命令在长堤御敌的警卫团到观音山镇海楼一线防守。

李云鹏带队登上观音山，即在镇海楼下召集第1、3营营长和各连连长、炮兵连长开会，传达叶挺总指挥的命令，布置各连的任务，并组织了简单的进攻协同配合，徐向前和沈青也参加了会议。随后，各连进入攻击阵地，同时向敌人发起了进攻。各连多路出击，军号声、枪炮声、喊杀声惊天动地。刚刚抵达的农军也一股劲往前冲。敌人还没有反应过来，就被逐出在山顶上占领的部分阵地以及城墙以北的小山岗，狼狈地退到了观音山北麓。

此后，敌人的后续部队源源而来，连续向山顶发起冲击，均被击退。敌人死伤无数，起义军亦伤亡惨重，两名连长血洒山头。

长堤同观音山一样，从早上开始就一直进行着激烈的血战。李福林军在南岸重机枪和帝国主义军舰的火力支持下，一次次对西濠口和天字码头等处发起猛攻，企图登上北岸。守岸的工人赤卫队协同教导团、警卫团部分部队顽强死拼，奋勇御敌，使得敌人的强攻未能得逞。

张太雷听说观音山告急，便同纽曼登上小汽车，欲亲赴观音山指挥反击战。

汽车驶出公安局大门口时，遇到一支开往黄沙车站作战的工人赤卫队。刚才，黄平在院子里的广场上给他们编好队，讲了一番激发斗志的话。出了大门，赤卫队向南而去，张太雷和纽曼向北，急驰观音山西麓的大北门。

张太雷和纽曼乘车驶向枪声剧烈的大北门。车头上的小红旗在风中啪啪作响。张太雷腰挎手枪，双手还握着一支步枪，镜片闪闪的脸上，充溢着坚毅和勇敢。他坐在左边，纽曼坐在右边，警卫员分立在两边的踏板上。

车至大北直街时，不幸的事情发生了。一股反动的机器工会的匪徒突然窜出左侧的街口，对着小汽车就是一通乱射。张太雷还未及反应，就被一阵子弹击中了头部和胸部，歪靠在车厢里。司机和他的警卫员也当场中弹牺牲，靠右边的纽曼和警卫员迅即跳下车，跑到街旁骑楼下开枪还击。

附近的赤卫队员闻声赶来，有的去追击匪徒，有的跑到小汽车旁。但见车身弹痕累累，车胎被打爆，血水淌出车门，流淌在地上。

张太雷无力地半睁着眼睛，像是疲劳至极似的喃喃了一句："哎呀，可恶的魔鬼。"看到身边的战友，嘱托道，"要和敌人战斗到底，完成党交给的任务。"他头一歪，永远地闭上了眼睛。

张太雷的一生，像烈火雷霆般轰轰烈烈，在向黑暗的旧世界猛烈的冲击中完成了生命价值的伟大升华。

瞿秋白听闻张太雷牺牲的噩耗，悲痛地写道："他死时，觉着对于中国工农民众的努力和责任；他死时，还是希望自己的鲜血，将要是中华苏维埃革命胜利之渊泉！"

罗章龙赋诗曰：

> 间气钟灵秀，太雷人海龙。
> 轩昂渡岭表，广暴做先锋。
> 镇海扬镰斧，珠江帅工农。
> 红花岗上望，千载贯长虹。

就在张太雷牺牲的这一天，1927年12月12日，广州苏维埃政府发表了由他亲手签发的《广州苏维埃追悼死难烈士宣言》，这是对张太雷，对所有在暴动中英勇献身的烈士们最深切的抚慰。宣言写道：

> 本苏维埃代表广州全体的工人、农民、兵士，极诚恳地志哀于昨日为夺取政权而死难的烈士，他们都是工人、农

民、兵士革命的先锋，他们的牺牲是革命的巨大的损失。

广州全体的工人、农民、兵士，只有以极大的努力，继续死难烈士之志愿，为保护广州苏维埃，扫荡军阀、豪绅、地主、资本家的势力而奋斗，以补救这样的损失。

现在，广州的工人、农民、兵士已经取得了初步的胜利了。但是不要忘记这些烈士，一切的成就都是他们努力与热血的成果。永远要纪念这些烈士的奋斗精神，永远要保持这些烈士所成就的事业……

本苏维埃为工人、农民、兵士自己的政权机关。本苏维埃要不顾一切地为工人、农民、兵士的利益奋斗。死难烈士的志愿，便是本苏维埃的志愿，他们的精神永久与苏维埃政权保障着工人、农民、兵士，而且要领导他们继续向前。

死难烈士的精神不朽！他们是广州苏维埃的创造者！他们是工人、农民、兵士革命的先锋！继续为完成他们的事业而奋斗！

张太雷是中共历史上第一个牺牲在战斗第一线的中央委员和政治局委员，他的名字和精神将永远刻在中国革命历史的丰碑上，光照千秋。

由于寡不敌众，为避免起义军无谓的牺牲，叶挺、聂荣臻于12日夜下达了起义军撤出广州的命令。

广州起义虽然失败了，但是一次光荣的失败。它是中国共产党继南昌起义、秋收起义后又一次英勇的起义，建立了中国第一个城市苏维埃政权，在中国革命的历史上写下了光辉的一页。无产阶级革命家董必武在《广州起义三十周年纪念》中写道："将成即毁原尝试，虽败犹荣应赞扬。"

新中国成立后，王一知写了一篇《忆张太雷》，1957年发表在《红旗飘飘》第5辑上。文章回顾了张太雷的革命经历、她与张太雷在一起的生活情景，最后写道：

　　太雷这次在上海停留了二十来天。那时党的工作已转入地下，同志们来往很少，又因他的工作未定，正在等待党的指示，所以较有空闲。他每天都体贴细致地看护我，为我炖鸡熬粥，为刚出生的儿子抹身子换尿布。他做这些事，不仅细心，而且耐烦。我不愿意老睡在床上，想起来坐坐走走，他就亲自出去为我买了一张藤靠椅，才让我起来坐。他总说月子里容易受病，能有条件注意保养，就应保养好。

　　到11月中旬，他的工作决定了，党派他到广州去。工作一决定，当然他就得走。为了安全，我是不能同行。他嘱咐我等他的信，等他到了广州，找好地方，安排妥当再去。我只好候着。11月20日正是我生产满月的一天，他就在这一天早晨4点多钟，天还未明的时候，谁也不惊动，自个儿提着一口箱子出门去了。我本来想把女工喊起来为他做点儿吃的，他不同意，说："人家忙了一天，第二天还得干，不要让她半夜再起来，我自己上了船会买东西吃。"并且他也不要让我起来。我几次要起床，都被他拦住了。我只好坐在床上目送他出门去。我看着他那背影——高高的个子，宽宽的肩背，右手轻松地提着一只箱子，穿着马裤的长长的腿，跨着轻轻的步子出门去了。谁知道这就是我对他的最后一瞥，这次分离就是永别。而这最后的一瞥给我留下了多么深刻的印象啊！唉！就这个难忘的背影，现在又清晰地在我眼前出现了，我在含泪看着他！

　　太雷已牺牲了三十年。太雷为革命贡献出了自己最后一滴血，他的鲜血没有白流。他的鲜血同无数革命先烈的鲜血染红了中国的大地，换得了革命的胜利！今天全国人民在党与毛主席的领导之下，正在努力建设幸福美好的社会主义新社会，太雷的理想实现了，太雷不死！

附录 张太雷生平年表

1898年

6月17日出生于江苏常州一个没落的官商世家。

1901年

父亲到安源煤矿工作，随父母亲和姐姐移居江西萍乡。

1906年

2月，父亲病故，随母亲和姐姐迁回常州，进一家私塾读书。

1907年

春，转入西郊初等小学。

1911年

冬，小学毕业；考进常州府中学堂预科学习，翌年转入该校本科一年级三班。

辛亥革命爆发，大量阅读具有新思想的报刊、书籍，在民主革命思想的影响下，剪掉了自己头上的长辫。

1915年

考入北京大学法科预科，同年冬转入天津北洋大学法科。

1916年～1919年

在天津北洋大学学习，开始研究马克思列宁主义，积极投身于五四运动。

1920年

春，加入李大钊在北京组织的马克思学说研究会，在天津、唐山、南口、长辛店等地开展工人运动，筹办工人夜校和工会。

4月，共产国际远东局派维经斯基来到中国，在北京与李大钊会晤；接着，又到上海与陈独秀、李汉俊等人座谈，介绍俄国十月革命的情况，讨论了在中国建立共产党的问题，担任秘书和英语翻译。

8月，在上海与俞秀松等发起组织上海社会主义青年团组织，参加上海共产主义小组的活动；回到天津后，和于方舟分别在天津北洋大学和省立中学成立了马克思主义研究会。

10月，加入了李大钊发起组织的北京共产主义小组（11月定名为中国共产党北京支部），去天津筹建社会主义青年团，把马克思主义研究会改组为天津社会主义青年团小组，任该小组的书记。

冬，受北京共产主义小组委派，与邓中夏等人到长辛店发动工人群众，宣传革命思想，筹办劳动补习学校，于1921年元旦开学。

1921年

春，受中国共产党发起组委派，赴俄国伊尔库茨克任共产国际远东书记处中国科书记，从事共产国际与中国共产党之间的联系工作，是第一个被派往共产国际的中国代表。

6月，陪同共产国际代表马林来到中国，先到北京同李大钊、张国焘等会谈，然后到上海与李达、李汉俊会谈，最后决定在上海召开中国共产党第一次全国代表大会。同月，作为中国党组织代表赴莫斯科出席共产国际第三次代表大会，并在会上作了发言，介绍中国革命的情况，呼吁共产国际重视和支持中国革命。

7月，代表中国工人阶级参加了在莫斯科召开的赤色职工国际第一次成立大会；同时以中国社会主义青年团代表的身份出席青年共产国际（少共国际）第二次代表大会，被选为执行委员会委员。

8月，从苏联回国，继续担任马林的翻译和助手，陪同马林和陈独秀讨论中国共产党的最低纲领和最高纲领，初步确定了在民主革命阶段中，中国共产党同孙中山领导的国民党建立联合战线的方案。

12月，陪同马林会见孙中山，进行初步商谈。

1922年

1月，以大会筹备者身份参加远东各国共产党及民族革命团体在苏联伊尔库茨克召开的会议，参与了大会宣言《告东方各民族书》的起草工作；会议期间，介绍瞿秋白加入中国共产党。

3月，回国后，受中央局的委托，与瞿秋白等筹备中国社会主义青年团一大的召开。

5月5日至10日，中国社会主义青年团第一次全国代表大会在广州举行，主持会议并致开幕词，向大会作了团纲和团章草案报告。

1923年

6月，在广州出席中国共产党第三次全国代表大会。

8月，中国社会主义青年团第二次全国代表大会在南京举行，与恽代英、邓中夏等共同主持了大会。

10月，青年共产国际第三次代表大会在莫斯科召开，继续当选为青年共产国际执行委员，作为中国青年团代表留驻莫斯科。

1924年

春，奉调回国，接任中国社会主义青年团中央书记，在上海主持召开了团中央扩大会议。

7月，再次赴莫斯科参加青年共产国际第四次代表大会。

1925年

1月26日至30日，主持中国社会主义青年团在上海举行的第三次全国代表大会并作政治报告；大会决定中国社会主义青年团改为中国共产主义青年团，当选为团中央书记。同月，在上海出席中国共产党第四次全国代表大会，当选为候补中央执行委员。

秋，任中共广东区委宣传部长，创办并主编了区委机关刊物《人民周刊》，在刊物上发表了一系列文章。

1926年

5月26日，发表《反动派在广东之活动》，对蒋介石阴谋发动的"中山舰事件"予以揭露和回击。

1927年

4月27日至5月9日，中国共产党第五次全国代表大会在武汉召开，与瞿秋白、蔡和森、恽代英等一起，批评了陈独秀的右倾机会主义错误，支持毛泽东关于进行土地革命、组织工农武装的主张；当选为中央政治局候补委员。会后，任中共湖北区委书记。

7月，中央政治局进行改组，解除了陈独秀总书记职务，与周恩来、李维汉、李立三、张国焘组成临时中央政治局常务委员会。

8月7日，出席党中央在汉口召开的紧急会议，当选为临时中央政治局候补委员。

8月，任中共南方局书记兼广东省委书记，主持召开成立广东省委的筹办会议，在会上传达了八七会议精神。

11月26日，在广州主持召开了省委常委会议，成立了广州起义总指挥部，任总指挥。

12月10日，召开军事委员会紧急会议，把起义日期提前在12月11日凌晨举行。

12月11日凌晨3时30分，广州起义爆发。

12月12日中午，主持召开庆祝广州苏维埃政府成立大会；敌人疯狂反扑，乘车赶到大北门去指挥战斗，不料遭到敌人伏击，身受重伤，壮烈牺牲，年仅29岁。